安全生活 产品安全与召回管理

汽车安全与召回知识问答

国家质检总局缺陷产品管理中心　编著

中国质检出版社

北　京

图书在版编目(CIP)数据

汽车安全与召回知识问答/国家质检总局缺陷产品管理中心编著．—北京：中国质检出版社，2014.7
(产品安全与召回管理)
ISBN 978-7-5026-4008-8

Ⅰ.①汽… Ⅱ.①国… Ⅲ.①汽车—产品安全性能—质量管理—中国—问题解答 Ⅳ.①F426.471-44

中国版本图书馆 CIP 数据核字(2014)第 113076 号

中国质检出版社出版发行
北京市朝阳区和平里西街甲 2 号 (100029)
北京市西城区三里河北街 16 号 (100045)
网址：www.spc.net.cn
总编室：(010)64275323　发行中心：(010)51780235
读者服务部：(010)68523946
中国标准出版社秦皇岛印刷厂印刷
各地新华书店经销
*
开本 880×1230　1/32　印张 3.375　字数 97 千字
2014 年 7 月第一版　2014 年 7 月第一次印刷
*
定价 **15.00** 元

前　言

2013 年 1 月 1 日,《缺陷汽车产品召回管理条例》(国务院令第 626 号)(以下简称《条例》)正式实施,首次在行政法规层面对缺陷汽车产品召回管理进行规定,标志着我国缺陷汽车产品召回制度进入崭新的发展阶段。

为方便读者理解《条例》,本书以简明扼要的问答形式阐释、解读与《条例》相关的基础知识,供读者在实际应用中查阅。

本书主要撰写人员有:陈玉忠、王琰、王慧萍、孙宁、尹彦、张晓瑞、冯永琴、刘红喜、肖凌云、宋黎、谢志利、崔华、贺兴、胡文浩、殷浩云、徐思红、李会通、姜肇财、郝晨月、王素晨、郭鸽、戴劲、李岩、王卫玲、张勤、张力丹。本书撰写过程中得到了钱玉民、吴友生等专家的支持。

由于时间仓促,加之水平所限,书中难免存在疏漏和不妥之处,敬请读者批评指正,以使我们不断修订完善。

编著者

2014 年 5 月

目　录

第一篇　综合篇

第二篇　消费者篇

第三篇 生产经营者篇

第四篇 监督管理篇

附　　录

第一篇　综　合　篇

1. 制定《缺陷汽车产品召回管理条例》的目的和意义是什么？

随着我国国民经济的发展，汽车产品正快速进入千家万户，成为大众消费品。但是，人们在享受汽车带来的交通便利的同时，也面临着缺陷汽车产品可能带来的人身与财产安全的风险。为了消除安全隐患，减少风险，有必要建立缺陷汽车产品召回管理法律制度。2012 年 10 月 10 日国务院第 219 次常务会议通过了《缺陷汽车产品召回管理条例》(以下简称《条例》)，《条例》于 2012 年 10 月 30 日公布，自 2013 年 1 月 1 日起施行。

《条例》立法的主要目的包括：

一是规范缺陷汽车产品召回。明确了生产者是缺陷汽车产品召回的责任主体，生产者应当按照本条例规定的程序开展缺陷汽车产品召回活动，保障了召回活动的规范化和法制化。

二是加强对缺陷汽车产品召回活动的监督管理。明确主管部门的监管责任，确保缺陷汽车产品的生产者和经营者能够切实有效地按照条例的各项规定开展召回相关活动。

三是保障人身与财产安全。充分发挥行政机关加强社会管理、提供公共服务、维护公共安全的职能，最大限度地防范、减少和避免因汽车产品存在缺陷给人身、财产造成的危害。

《缺陷汽车产品召回管理条例》正是在我国汽车行业飞速发展、我国汽车产品后市场管理制度急需完善的实际需要下制定的。因此，制定《缺陷汽车产品召回管理条例》具有重要意义：

一是维护公共安全的客观需要。汽车是一种快速发展的高技术产品，随着科学技术的发展，新工艺、新材料、新技术不断出现的汽车新产品中，生产者由于受到种种条件的限制，其生产的产品仍可能存在不合理的危险性，而且往往需要在使用过程中发现或经历了发生事故后才能知道。特别是有缺陷的汽车产品一旦流入市场，就有可能会给消费者及使用者造成多发性、普遍性的人身伤害或财产损失。为了避免危害的发生，只有采取强制性措施，要求生产者及时采取补救的召回措施，消除和减少缺陷，才能维护公共安全。

二是维护各方利益的现实需要。汽车是一种具有良好经济效益的高价格产品，不仅涉及消费者的切身利益，也关乎企业与国家工业经济的发展。汽车生产技术的不断进步与市场的激烈竞争，增加了产品存在缺陷的可能性及其问题解决的复杂程度，使得确认汽车产品存在缺陷与消除汽车产品缺陷成为一项系统的、复杂的技术工程。科学、公正、公平处理汽车产品是否存在缺陷和有效消除缺陷，需要以法律为准绳。

三是维护经济秩序的发展需要。我国市场经济秩序需要不断完善，特别是在科技发展迅速、产品质量安全总体水平尚需提高、产品售后的质量安全管理需要法律依托的环境下，更需要建立并完善科学的缺陷汽车产品召回管理制度，一方面有效保护公共安全和公众利益，另一方面促进企业之间的公平竞争，维护正常的市场秩序和社会秩序的稳定。特别是为适应我国汽车产业国际化，对规范国内外缺陷汽车管理、召回制度与国际接轨，就显得更为重要。

2. 我国缺陷汽车产品召回管理制度是怎样的？

在《条例》出台之前，我国汽车召回制度主要是通过《缺陷汽车产品召回管理规定》(第 60 号令)(以下简称《规定》)建立和实施的。《规定》是国家质量监督检验检疫总局、国家发展和改革委员会、商务部、海关总署于 2004 年 3 月 15 日联合颁布，同年 10 月 1 日开始施行的。这是我国第一部关于缺陷产品召回管理的行政法规。《规定》共分 8 章 46 条，具体明确了汽车缺陷和召回的定义，制造商的召回责任和信息备案义务，相关经营者的义务，主管部门的召回监管责任，主动召回和指令召回程序，缺陷报告、缺陷调查和确认程序，召回监管程序，以及违法行为的处罚等内容。

为落实该项规定的实施，国家质量监督检验检疫总局还配套出台了四个实施细则：《缺陷汽车产品召回信息系统管理办法》《缺陷汽车

产品召回专家库建立与管理办法》《缺陷汽车产品调查和认定实施办法》《缺陷汽车产品检测与实验监督管理办法》。

通过《规定》的实施，我国初步建立了汽车召回制度，监管部门、生产者及相关利益方积累了召回管理和召回实施的实践经验，但是，《规定》存在法律层级偏低、召回监管程序设计不尽合理、召回监管力度不足等一些问题，所以需要升级为行政法规，即《缺陷汽车产品召回管理条例》。《条例》共分 29 条，在明确汽车缺陷、生产经营者、适用范围等基本概念的基础上，规定了生产者、经营者、监督者、消费者等各类主体的责任及义务，细化了统一管理、信息共享、召回程序、过程监管、违法行为处罚等具体措施。

3. 我国目前与缺陷产品召回管理相关的法规政策制度主要有哪些？

我国缺陷产品召回管理制度是以缺陷汽车产品召回为试点开始实施的。截至目前，医疗器械、食品、乳制品、儿童玩具、汽车产品、食品添加剂、进口肉类制品、进口水产品、农业机械、生猪产品、药品、消防产品、危险化学品、粮食、保健食品和化妆品、种子、农药等共 17 种产品的管理制度中含有“召回”字样。侵权责任法还对产品召回作了一般性规定，即产品投入流通后发现存在缺陷的，生产者、销售者应当及时采取警示、召回等补救措施。

医疗器械：《医疗器械召回管理办法（试行）》（2011 年）

食品：《食品安全法及其实施条例》（2009 年）

乳制品：《乳品质量安全监督管理条例》（2008 年）

儿童玩具：《儿童玩具召回管理规定》（2007 年）

汽车产品：《缺陷汽车产品召回管理条例》（2012 年）

进口肉类产品：《进出口肉类产品检验检疫监督管理办法》（2011 年）

进口水产品：《进出口水产品检验检疫监督管理办法》（2011 年）

农业机械：《农业机械安全监督管理条例》（2009 年）

食品添加剂：《食品添加剂生产监督管理规定》（2010 年）；《食品添加剂生产许可审查通则》（2010 年）；《国家质量监督检验检疫总局公告》（2010 年）

生猪产品:《商务部办公厅关于进一步加强生猪屠宰管理确保肉品质量安全的紧急通知》(2011年)

药品:《药品生产质量管理规范》(2010年修订)

消防产品:《国务院关于进一步加强消防工作的意见》(2006年)

危险化学品:《国家质量监督检验检疫总局办公厅关于质检系统加强危险化学品安全监管工作的通知》(2010年)

粮食:国家粮食局关于进一步加强粮食质量安全监管工作的通知》(2009年)

保健食品化妆品:《国家食品药品监督管理局办公室关于开展保健食品、化妆品生产企业违法添加等专项检查的通知》(2010年);《国家食品药品监督管理局办公室关于加强保健食品生产经营日常监管的通知》(2010年)

种子:《国务院办公厅关于推进种子管理体制改革加强市场监管的意见》(2006年)

农药:《农药产业政策公告》(2010年)。

4. 缺陷汽车产品为什么要采取中央集中监管的模式?

汽车产品的技术含量高、生产集中度高、产品分布广等特点,决定了汽车产品召回必须由国家中央部门集中管理,这也符合国际惯例。尽早发现和召回缺陷汽车产品,强化集中管理,既是对公众安全和利益实施有效保护的需要,也是符合国情,适应发展,为汽车企业和行业创造公平的竞争环境,保持其健康发展的需要。

我国地幅辽阔,各大汽车厂商均已在全国建立了较为完善的经销网络,新产品一旦推出,很快就会遍布于各个大中城市甚至分散于全国各地,汽车产品这种使用范围广而散的特点决定了单个地方不易发现普遍存在的缺陷问题,如果不集中采集缺陷信息和集中分析问题,可能会受到各个地区数据样本小、技术能力有限等客观因素的限制,导致汽车产品的缺陷难以尽快地被发现,以至于可能给全国范围内更多汽车消费者和道路交通参与者带来安全隐患。特别是,汽车这一高技术产品的缺陷调查和认定具有一定的复杂性和困难性,国家对汽车

产品缺陷的管理及缺陷信息的采集采取主管部门集中监管的管理模式，以便在全国范围内及早获取第一手信息，充分发挥专家及国家权威技术机构的作用，有利于尽早确定缺陷汽车产品并敦促生产者尽快召回，避免更多伤害事件的发生，有效保护消费者人身安全与财产安全。

5. 与汽车召回管理相关的国家部门有哪些？各自负责哪些主要工作？

根据我国现行的国家管理体制及部门职能分工，汽车产品的生产、销售、维修、进出口涉及多个职能部门。《条例》规定，国务院产品质量监督部门负责全国缺陷汽车产品召回的监督管理工作，国务院有关部门在各自职责范围内负责缺陷汽车产品召回的相关监督管理工作，主要包括汽车产品主管部门、商务主管部门、海关、公安机关交通管理部门、交通运输主管部门、工商行政管理部门等。

除国家质检总局以外，政府各职能部门在各自的职责范围内，负责的主要工作如下：

(1) 发展和改革委：负责研究拟定、修订有关产业政策，加强投资宏观管理，调控全社会投资总规模等。

(2) 工业和信息化部：会同有关方面实施汽车的准入管理事项；承担汽车制造业等的行业管理工作。

(3) 商务部：按有关规定对租赁、汽车流通行业等进行监督管理。

(4) 海关总署：拟订国家禁止或限制进出境货物、物品的海关监管制度并组织实施，承担国家进出口货物贸易统计和统计分析工作，发布统计信息，开展相关监测预警，提供咨询服务；编制和发布国家对外贸易指数；承担海关经营单位代码管理、报关数据和单证管理工作；拟订海关统计监督制度并组织实施等。

(5)公安部：负责全国道路交通安全管理工作并承担相应责任。指导、监督地方公安机关维护道路交通安全、道路交通秩序以及机动车辆、驾驶人管理工作；指导消防监督、火灾预防、火灾扑救工作。

(6)交通运输部：承担运输线路、营运车辆、枢纽、运输场站等管理工作；承担车辆维修、营运车辆综合性能检测、机动车驾驶员培训机构和驾驶员培训管理等工作。

(7)工商总局:负责各类企业和从事经营活动的单位、个人以及外国(地区)企业常驻代表机构等市场主体的登记注册并监督管理,承担依法查处取缔无照经营的责任;承担依法规范和维护各类市场经营秩序的责任,负责监督管理市场交易行为和网络商品交易及有关服务的行为等。

根据《条例》规定,上述部门除了在本部门职责范围内责缺陷汽车产品召回的相关监督管理工作外,还应当与国家质检总局建立汽车产品的生产、销售、进口、登记检验、维修、缺陷信息采集、召回等信息的共享机制。

6. 为什么要建立"国家缺陷汽车产品召回综合信息管理平台"?

缺陷汽车产品召回综合信息管理平台是主管部门进行汽车召回监管不可或缺的技术手段。随着2013年1月1日《条例》的正式实施,根据国家质检总局工作安排,国家质检总局缺陷产品管理中心负责信息备案管理工作和缺陷汽车产品信息采集工作。为确保缺陷汽车产品召回管理工作有效开展,管理中心启动了"国家缺陷汽车产品召回综合管理信息平台"的建设工作。

"国家缺陷汽车产品召回综合管理信息平台"是生产者开展信息备案、缺陷汽车产品信息采集、召回计划申报等召回管理相关工作的有效平台,作为与主管部门在汽车召回管理工作的日常联络平台。召回平台的投入使用,已经为管理中心相关业务的开展发挥了重要的技术支撑,为总局召回管理工作的顺利开展提供了大量数据依据。

7. 《条例》适用的产品范围具体包括哪些?

《条例》适用的产品范围,主要包括汽车和汽车挂车,具体指:

——载客汽车。包括乘用车、客车、校车。

——载货汽车。包括货车(含普通货车、多用途货车、全挂牵引车、越野货车、专用作业车、专用货车6类)、半挂牵引车。

——汽车挂车。包括牵引杆挂车、半挂车和中置轴挂车。

《条例》也适用于未随车装备的轮胎,即售后服务轮胎,原装轮胎

的召回由整车生产者负责。不适用于汽车以外的机动车、摩托车、汽车列车、拖拉机运输机组、轮式专用机械车等车型。

根据国家标准《汽车和挂车类型的术语和定义》(GB/T 3730.1—2001)、《机动车运行安全技术条件》(GB 7258—2012)。汽车是指由动力驱动,具有四个或四个以上车轮的非轨道承载的车辆,主要用于载运人员和(或)货物、牵引载运人员和(或)货物及其他特殊用途、专项作业。汽车挂车是指就其设计和技术特性需要由汽车牵引才能正常使用的一种无动力的道路车辆,主要用于载运货物或专项作业。

8. 如何理解“在中国境内生产、销售的汽车产品”?

《条例》适用的产品范围是“在中国境内生产、销售的汽车和汽车挂车”,所谓中国境内,是指我国出入境管理部门和中国海关等部门目前所管辖的范围之内的地区,不包含香港特别行政区、澳门特别行政区和台湾地区。换句话说,“在中国境内生产、销售”是指在我国(不含香港、澳门和台湾地区)所生产并销售的国产汽车产品,或者在境外生产并进口到境内销售(不含香港、澳门和台湾地区)的汽车产品。在中国境内生产且在境外销售或者在境外生产且在境外销售的汽车产品不在《条例》所规定的产品范围内。

通俗地讲,本条例所适用的产品范围包括国产汽车和进口汽车。国产汽车是指在中国境内生产的汽车,不仅包括由我国企业拥有自主产权、自主研发的车型,也包括国外汽车品牌在中国建厂(或与国内汽车厂商合资合作)进行生产的汽车。进口汽车是指由国外工厂生产制造、依法进入到我国境内营销或使用的汽车。

9. 汽车产品生产中的“批次”概念应如何理解?

根据国家标准《计数抽样检验程序》(GB/T2828.1),“批”的定义为“汇集在一起的一定数量的某种产品、材料或服务”。“批量”的定义为“批中产品的数量”。一个型号规格的车辆、一个班次生产的产品,同一批原料产出的产品都可以认定为一个“批次”或者“批量”。但对于批次的数量,因为需求不同,产品的生产量不同,所以批次的“量”也不同。所以,不能以“量”的多少来判定一个产品质量问题是否属于批次性的或者是否具有普遍性，而应当根据问题产生的原因和性质来判定。例如，我国国产车型召回最少的台数为9台，进口车型召回最少的台数为2台，都可以视为一个批次的产品。

10. 召回可分为哪几种类型？

《条例》所称召回是指“汽车产品生产者对其已售出的汽车产品采取措施消除缺陷的活动”。召回主要有以下三种类型：

（1）生产者主动召回。是指生产者确认其产品存在缺陷之后，按照本条例的程序主动向主管部门报告并备案召回计划，主动实施召回的过程。

（2）生产者在主管部门缺陷调查影响下的主动召回（受缺陷调查影响的召回）。是指在主管部门开展的缺陷调查影响下，或主管部门通知生产者开展调查分析的情况下，生产者按照本条例的程序主动向主管部门报告并备案召回计划，主动实施召回的过程。

（3）责令生产者实施召回。出现下列两种情形时，国务院产品质量监督部门应当责令生产者实施召回：

——如果生产者在收到召回通知之后既不主动召回，又不在15个工作日内提出异议和相关证明材料，国务院产品质量监督部门将会责令生产者实施召回；

——生产者虽按照规定提出异议，但经国务院产品质量监督部门组织论证、技术检测、鉴定，仍然确认汽车产品存在缺陷的，国务院产品质量监督部门将会责令生产者实施召回。

11. 汽车产品召回的主要环节有哪些？

汽车产品召回是汽车产品生产者对其已售出的汽车产品采取措施消除缺陷的活动。一般情况下，汽车产品召回主要包括以下环节：

——缺陷调查与调查分析；

——缺陷认定；

——制定召回计划；

——向主管部门报告与备案召回计划；

——停止生产、进口、租赁与销售；

——发布召回信息；
——通知车主；
——零件发运、经销商培训和实施召回；
——向主管部门提交召回阶段性报告；
——向主管部门提交召回总结报告；
——召回过程监管和召回效果评估。

12. “汽车召回”与“汽车三包”有什么联系和不同？

“汽车召回”是指生产者按照《条例》规定的程序，选择修正或者补充标识、修理、更换、退货等措施消除其产品缺陷的过程。

“汽车三包”是指销售者按照《家用汽车产品修理、更换、退货责任规定》通过修理、更换、退货的方式解决汽车产品质量问题的过程。

召回和三包都以强化生产经营者的主体责任、促进提高汽车产品质量，维护消费者利益、保护消费者合法权益为根本目标。两者都是汽车产品销售“后市场管理”制度的有机组成部分，起着相互支持、相互补充完善的作用。召回与三包在实施过程中，为消费者提供免费服务也是两者的共同点。两者解决产品质量问题的措施基本相同，即修理、更换、退货。但是召回与三包有着本质的不同，主要体现在以下几个方面：

(1) 责任性质和责任主体。“汽车召回”属于行政责任范畴，责任主体是生产者。“汽车三包”属于民事责任范畴，责任主体是销售者，销售者在承担三包责任后有权按照合约约定向生产者追偿。

(2) 调整的汽车产品范围不同。“汽车召回”的产品范围是汽车(包括载客汽车和载货汽车)与汽车挂车，无论车辆是家用还是公用，无论是消费品还是生产资料，都被纳入召回监管范围内。而“汽车三包”的产品范围仅限于家用汽车产品，即消费者为生活消费需要而购买和使用的乘用车，其范围比汽车召回的监管范围要窄很多。

(3) 解决的产品质量问题的性质不同。“汽车召回”解决的是普遍性、安全性的产品质量问题，主要目的是防止缺陷产品对消费者和公众产生人身伤害和财产损失，维护公共安全。“汽车三包”要解决的个

案性的产品质量问题，主要目的是保护消费者合法权益不受侵害，维护消费者利益。

（4）涉及的产品质量问题期限不同。“汽车召回”没有期限限制，基本上在汽车产品整个寿命周期内出现的“缺陷”，生产者都应当进行召回。“汽车三包”有2年或5万公里（以先到者为准）的三包期，3年或6万公里（以先到者为准）的包修期，这意味着对于2年或5万公里以上的汽车，销售者可以不承担更换或退货责任，对于3年或6万公里以上的汽车，销售者对产品质量问题可以不承担免费维修责任。

（5）解决问题的方式和程序不同。对于“汽车召回”，生产者必须按本条例规定的程序向主管部门备案召回计划，然后按照召回计划实施召回，包括通知每一位缺陷汽车的车主，向社会公布召回信息，向主管部门提交阶段性报告和总结报告等。对于“汽车三包”，销售者主要是根据质量问题的严重情况和修理情况等，按照《家用汽车产品修理、更换、退货责任规定》的要求进行修理、更换或者退货，如果与消费者之间有异议，主要通过协商解决，如协商不成，则通过申诉调解、仲裁和诉讼解决。

13. 如何理解汽车产品存在的“合理危险”？

危险是指材料、物品、系统、工艺过程、设施或场所对人发生的不期望的后果超出了人们的心理承受能力。

产品的合理危险是指某些产品本身就带有一定的危险性，但在正常合理的使用情况下，不会发生危险。如刀具、打火机等产品，这类产品所自带的危险就属于合理危险。汽车产品也是如此，汽车作为一种道路交通工具，其使用条件和环境复杂，有较高的行驶速度，必须定期正确维护与保养，而且需要驾驶人员正确驾驶才能确保安全，因而不可避免地带有一定的危险性，此类危险可理解为“合理危险”。

14. 产品的“不合理危险”是否属于缺陷？

与“合理危险”相对应的就是“不合理危险”。简单的说，“不合理危险”是指产品在合理的使用条件下或在可预见的使用条件下不应当存在的危险性。

根据本条例第三条“本条例所称缺陷，是指由于设计、制造、标识等原因导致的在同一批次、型号或者类别的汽车产品中普遍存在的不符合保障人身、财产安全的国家标准、行业标准的情形或者其他危及人身、财产安全的不合理的危险”，“不合理危险”是构成缺陷的重要要素，但不能将“不合理危险”等同于“缺陷”，因为还需“普遍存在”这个要素，即如果“不合理危险”在同一批次、型号或类别的汽车产品中存在，那么就存在“缺陷”。

15.《条例》中的“没收违法所得”和“吊销有关许可”属于什么处罚？

“没收违法所得”和“吊销有关许可”都是政府管理部门对生产经营者违反相关法规制度的行为而依据《中华人民共和国行政处罚法》（主席令第63号）给予的行政处罚手段。

《中华人民共和国行政处罚法》第八条确定的行政处罚有七种：(1)警告；(2)罚款；(3)没收违法所得、没收非法财物；(4)责令停产停业；(5)暂扣或者吊销许可证、暂扣或者吊销执照；(6)行政拘留；(7)法律、行政法规规定的其他行政处罚。

没收违法所得，是指行政机关或司法机关依法将违法行为人取得的违法所得财物，运用国家法律法规赋予的强制措施，对其违法所得财物的所有权予以强制性剥夺的处罚方式。

吊销有关许可是指生产者发生法定的严重违法行为或不接受管理，由有管辖权力的部门停止原来准许生产者进行某项活动的对象停止该项活动并收回准许文本的执行过程。

《条例》对生产经营者违法情节严重的，规定了吊销有关许可的行政处罚，使生产经营者将无法再从事生产、销售汽车产品等经营行为。这是一项严厉的行政处罚，一旦被吊销行政许可，原被许可人在一定期限内将不得再从事有关许可事项。

16.《条例》中的“违法所得”及“货值金额”的计算依据是什么？

根据《中华人民共和国产品质量法》规定，“违法所得”是指获得的利润，即生产和经营汽车产品所获得的市场收益。“违法所得”计算公式为 $S=a\cdot q-\beta$，式中，S 为违法所得，a 为销售单价，q 为销售量，β 为应当扣除的部分，包括生产者的产品生产成本或经销者的商品进价部分。产（商）品已经售出，货款尚未收到的，也应当计入“违法所得”，当事人已经缴纳税款的，或者已退货、退款、赔偿的，计算“违法所得”，应当予以扣除。

货值金额是指当事人违法生产、销售产品的数量（包括已售出的和未售出的产品）与其单件产品标价的乘积。对生产的单件产品标价应当以销售明示的单价计算；对销售的单件产品标价应当以销售者货签上标明的单价计算。生产者、销售者没有标价的，按照该产品被查处时该地区市场零售价的平均单价计算。

17. 我国与汽车产品相关的主要标准有哪些？

标准是“为了在一定范围内获得最佳秩序，经协商一致制定并由公认机构批准，共同使用和重复使用的一种规范性文件”。标准是以科学、技术的综合成果为基础，以促进最佳的共同效益为目的。标准根据标准的层级、标准的性质、标准的属性和标准的内容不同，有多种分类方法。

（1）按标准的层级，《中华人民共和国标准化法》明确我国的标准分为四级：

——国家标准。对需要在全国范畴内统一的技术要求，应当制定国家标准。国务院标准化行政主管部门统一管理全国标准化工作。国务院有关行政主管部门分工管理本部门、本行业的标准化工作。

——行业标准。对没有国家标准而又需要在全国某个行业范围内统一的技术要求，可以制定行业标准。行业标准由国务院有关行政主管部门制定，并报国务院标准化行政主管部门备案。

——地方标准。对没有国家标准和行业标准而又需要在省、自治区、直辖市范围内统一的工业产品的安全、卫生要求，可以制定地方标准。地方标准由省、自治区、直辖市标准化行政主管部门制定，并报国务院标准化行政主管部门和国务院有关行政主管部门备案。

——企业标准。企业生产的产品没有国家标准、行业标准和地方

标准的，应当制定相应的企业标准。企业的产品标准须报当地政府标准化行政主管部门和有关行政主管部门备案。对已有国家标准、行业标准或地方标准的，鼓励企业制定严于国家标准、行业标准或地方标准要求的企业标准。

(2) 根据国际上对标准级别的划分，分为国际标准、区域标准两类。

——国际标准。“由国际标准化或标准组织制定，并公开发布的标准”(ISO/IEC 第 2 号指南)。国际标准具有最高的适用性。目前，国际标准化或标准组织主要包括国际标准化组织(ISO)、国际电工委员会(IEC)和国际电信联盟(ITU)制定的标准，以及国际标准化组织确认并公布的其他国际组织制定的标准。

——区域标准。“由某一区域标准或标准组织制定，并公布开发布的标准”(ISO/IEC 第 2 号指南)。目前较有影响的区域标准主要有：欧洲标准化委员会(CEN)、欧洲电工标准化委员会(CEN－ELEC)、计量与认证委员会(EASC)、太平洋地区标准会议(APEC/CTI/SCSC)、东盟标准与质量咨询委员会(ACCSQ)、泛美标准委员会(COPANT)等。

(3) 按标准的性质属性，我国标准分为强制性标准、推荐性标准和标准化指导性技术文件三类。

——强制性标准与推荐性标准。依据《中华人民共和国标准化法》规定：保障人体健康、人身、财产安全的标准和法律、行政法规规定强制执行的标准是强制性标准，其他标准是推荐性标准。强制性标准是由法律规定必须遵照执行的标准，强制性国家标准的代号由“国标”的汉语拼音首位大写字母“GB”组成。强制性标准以外的标准是推荐性标准，又叫非强制性标准。推荐性国家标准的代号为“GB/T”。

——标准化指导性技术文件。依据《国家标准化指导性技术文件管理规定》：指导性技术文件是为仍处于技术发展过程中(如变化快的技术领域)的标准化工作提供指南或信息，供科研、设计、生产、使用和管理等有关人员参考使用而制定的标准文件。指导性技术文件的代号为“GB/Z”。

目前，我国汽车行业采用的标准，主要有国家标准、行业标准和企业标准。国家标准中，分别实施的有强制性标准和推荐性标准。

具体目录参见附录C《我国汽车产品的主要国家标准和行业标准目录》

18. "CCC"认证对汽车产品有何意义?

认证是由认证机构证明产品、服务、管理体系符合相关技术规范、相关技术规范的强制性要求或者标准的合格评定活动。CCC认证(也称3C认证，英文名称为China Compulsory Certification，缩写为"CCC")即"中国强制认证"，是国家对在中国大陆市场销售的产品实行的一种强制要求的认证制度，它是中国政府按照世贸组织有关协议和国际通行规则，为保护广大消费者人身和动植物生命安全，保护环境、保护国家安全，依照法律法规实施的一种产品合格评定制度。无论国内生产还是国外进口，除特殊用途的产品外(符合免于CCC认证的产品)，凡列入CCC目录内且在国内销售的产品均需获得CCC认证。

我国是由国家认证认可监督管理委员会统一负责国家强制性产品认证制度的管理和组织实施工作。认证按强制程度分为自愿性认证和强制性认证两种，按认证对象分为体系认证和产品认证。在实施强制性产品认证的产品每个"3C"标志后面都有一个随机码，每个随机码都有对应的厂家及产品。我国认证标志发放管理机构在发放强制性产品认证标志时，已将该编码对应的产品输入计算机数据库中，消费者可通过国家质量认证中心进行编码查询。可根据《强制性产品认证管理规定》(国家质检总局令第117号)查看具体要求与标识方法。

19. 汽车产品需要通过"CCC"认证吗?

汽车产品属我国强制性认证产品。产品的销售必须通过"CCC"认证：

(1) 我国第一批实施强制性认证的产品目录明确：

第十二、机动车辆及安全附件，(一)汽车：在公路及城市道路上行驶的M、N、O类车辆；

第十三、机动车辆轮胎，(二)汽车轮胎：轿车轮胎(轿车子午线轮胎、轿车斜交轮胎)、载重汽车轮胎(微型载重汽车轮胎、轻型载重汽车轮胎、中型/重型载重汽车轮胎)；

第十四、安全玻璃，(三)汽车安全玻璃(A类夹层玻璃、B类夹层玻璃、区域钢化玻璃、钢化玻璃)。

(2) 我国第四批实施强制性认证的产品目录明确：

第三、汽车防盗报警系统。

(3) 我国第六批实施强制性认证的产品目录明确：

一、机动车灯具产品(前照灯、转向灯；汽车前位灯/后位灯/制动灯/视廓灯、前雾灯、后雾灯、倒车灯、驻车灯、侧标志灯和后牌照板照明装置；摩托车牌照灯、位置灯)；

二、机动车回复反射器；

三、汽车行驶记录仪；

四、车身反光标识；

五、汽车制动软管；

六、机动车后视镜；

七、机动车喇叭；

八、汽车油箱；

九、门锁及门铰链；

十、内饰材料；

十一、座椅；

十二、头枕。

第二篇　消费者篇

20. 产品缺陷主要有哪些？

产品缺陷是指由于设计、制造、标识等原因导致的在同一批次、型号或者类别的汽车产品中普遍存在的不符合保障人身、财产安全的国家标准、行业标准的情形或者其他危及人身、财产安全的不合理的危险。

产品缺陷，通常按缺陷的来源进行划分，主要可分为设计缺陷、制造缺陷和标识缺陷。

(1) 设计缺陷

设计缺陷是指由于技术的局限性、选材不当、对产品的使用环境或条件考虑不周或其它原因，而使产品存在某种缺陷。

(2) 制造缺陷

制造缺陷是指产品因在加工、制作、装配过程中某个工序或环节出现偏差、错误或疏忽，而使一批产品存在缺陷。产品的制造缺陷可产生于产品生产过程的每一环节，从冲压、焊接、机加工等加工工序到零件的安装和连接等装配工序的偏差、错误或疏忽都有可能产生缺陷。

(3) 标识缺陷

标识缺陷也称指示缺陷，是指产品未能提供完整的、符合安全使用要求的操作使用说明或警示说明等告知信息。这种缺陷会因为没有明确告诫如何正确操作，而可能导致消费者或维修人员受到某种伤害。

21. 如何判断汽车产品是否存在缺陷？

汽车产品缺陷是指由于设计、制造、标识等原因导致的在同一批次、型号或者类别的汽车产品中普遍存在的不符合保障人身、财产安全的国家标准、行业标准的情形或者其他危及人身、财产安全的不合理的危险。

判断汽车产品是否存在缺陷应考虑以下几个因素：

——是否为影响安全的质量问题；

——是否在同一批次、型号或者类别的汽车产品中普遍存在；

——是否因为设计、制造或标识等原因而导致的；

——是否存在不合理的危险。

22. 汽车产品有哪些常见的缺陷形式？

根据国内外汽车召回的多年管理经验来看，汽车产品中比较常见的缺陷有：

——转向、制动系统零部件突然断裂、失效，如转向节脱落、助力泵渗漏，制动助力突然丧失等，导致汽车部分或完全失去转向或制动能力；

——燃油系统零部件如燃油管路、燃油箱等连接不良或发生破裂，可能导致燃油渗漏而导致汽车起火；

——发动机零部件如燃油泵、加速踏板等突然发生故障或失效，可能导致发动机突然熄火或汽车意外加速；

——车轮或轮胎鼓包、裂纹或开裂，可能导致爆胎；

——发动机冷却风扇叶片突然断裂，可能导致维护人员受伤；

——风挡雨刮器装置失效，导致驾驶员在雨中无法保持安全的视线；

——座椅或靠背在正常使用中突然失效，导致乘员可能受伤；

——汽车上的关键零部件开裂、脱开或脱落，可能导致油液渗漏、汽车失控，或者可能导致车内或车外人员受伤；

——汽车电气或电路系统短路或断路，可能导致汽车零部件过热、起火或发动机熄火；

——随车附带的举升器突然坍塌导致操纵人员受伤；

——气囊在不该打开的情况下意外膨开；

——车内的苯、甲苯、甲醛等挥发性有毒有害物质影响车内人员健康；

——汽车的防盗装置不能起到应有的防盗功能，导致财产损失；

——车身结构件的因腐蚀而导致车身强度受到影响，影响安全性。

借鉴国内外有关经验，以下问题通常**不视为缺陷**：

——空调系统或音响系统工作不良，但不会产生电路过热、发动机熄火等安全隐患；

——车身非结构件或车身覆盖件的锈蚀；

——油漆或装饰件的瑕疵或褪色问题；

——机油或燃油消耗过大的问题；

——一般的噪音、震动或抖动问题，如发动机噪音大、仪表板震动等；

——汽车零部件的正常磨损问题，或者需要定期维护保养的问题，包括减震器、蓄电池、制动摩擦衬块以及排放控制系统部件等需要定期更换的零部件因寿命到期而出现的问题。

上述问题不视为缺陷的前提是：类似的故障不是由于设计、制造等原因导致的，且不存在安全隐患。

23. 汽车轮胎产品的常见缺陷及问题有哪些？

汽车轮胎对于汽车安全至关重要，一旦爆胎，可能会导致车毁人亡的严重交通事故，因此各个国家都十分重视轮胎的质量安全监管，召回就是重要的监管手段之一。

轮胎看似简单，实则复杂，一方面是结构复杂，另一方面是使用环境复杂，故障原因难以判断。汽车多使用无内胎的轮胎，其胎体内层有气密性好的橡胶层，且橡胶层外有胎体、缓冲层（或称带束层）、胎面、胎侧和胎圈。

轮胎胎体结构截面如图 1 所示。

轮胎常见的缺陷表现形式有以下几种：

（1）胎侧起鼓。可能与生产有关的原因有：

——胎体帘布帘线疏密不均；

——胎侧胶厚度薄厚不均；

——胎侧接头搭接不良。

（2）脱层。可能与生产有关的原因有：

——成型时各部件之间没有压实；

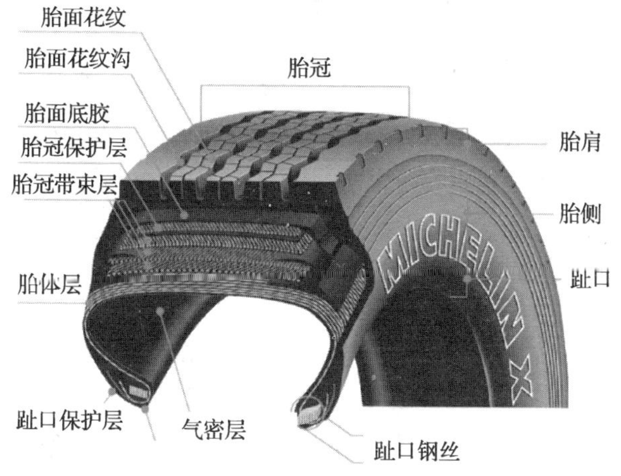

图 1　汽车轮胎胎体结构示意图

——半成品部件表面有油污或异物。

(3) 胎冠变形。可能于生产有关的原因有：

——胎面基部厚度小于标准。

(4) 胎面及胎侧接头开裂。可能与生产有关的原因有：

——轮胎成型，胎面或胎侧搭接宽度及方式不当；

——接头部位有异物；

——接头部位没有压实。

(5) 轮胎安装时爆胎。可能与生产或运输不当有关的原因有：

——钢丝圈松散、胎圈口偏变形；

——轮圈曲线不合格或轮圈直径超标准；

——安装操作不当及初装压力大。

(6) 胎体碾轧。可能与生产或运输不当有关的原因有：

——轮圈变形或焊口开焊；

——轮胎、轮圈漏气；

——气门嘴密封胶垫或气门芯密封不良。

与轮胎有关的另一类比较常见的缺陷是标识缺陷，即轮胎标识不符合规定或者缺失，导致消费者在更换备胎时容易使用错误的轮胎，或者在使用车辆时容易让车辆在超载或超速下运行。

24. 消费者如何提高自身权益保护意识？

根据《中华人民共和国消费者权益保护法》第七条规定，消费者在购买、使用商品或接受服务时享有人身、财产安全不受侵犯的权利。第十一条规定：消费者因购买、使用商品或者接受服务受到人身、财产损害的，享有依法获得赔偿的权利。消费者（车主）为保护自身利益，应要做好以下几个方面的工作：

（1）购买车辆时，特别是二手车，应到正规经营店购买质量有保证的产品，注意索要发票，核实各类证件及合同是否齐备。发票要写明产品名称、规格型号、数量和购买日期等，并对车辆进行仔细检查，必要时可请专业人员帮助进行路试和检查。

（2）仔细阅读汽车产品说明书，熟悉汽车上各种装备的结构、功能和使用方法，按照说明书要求正确驾驶和正常维护保养车辆。保存好维修和保养记录。

（3）当驾驶汽车出现意外事件或事故时，尽可能保护现场，或现场录音、录像，或拍照，以此作为事件/事故的现场证据。

（4）尽可能自行记录或由其他人记录事件/事故的发生时间、发生地点、现场环境、引发原因及现场的其他情况。

（5）当涉及交通事故时，应在保证人身安全的前提下，迅速寻求交通民警支持。事后注意向交通执法机构索要交通执法依据。

（6）当有人身伤害时，迅速寻求医疗救护。事后注意向救护机构寻求救护依据证明，包括医治情况、人身伤害等情况。

（7）当车辆涉及火灾时（如车辆发生自燃），应在保证人身安全的前提下，迅速寻求消防救护。事后注意向消防机构索要消防机构相关证明。

（8）当涉及有人身或财产保险时，应及时向投保公司寻求出险查勘，取得与事件/事故相关的佐证材料。

（9）发生汽车安全事件/事故时，尽可能有现场见证人。

（10）如果怀疑汽车有质量问题，应积极与经销商和主机厂协商解决，并可向有关部门报告。

25. VIN 代码由哪几部分组成？如何获知汽车产品的 VIN 代码？

VIN 是英文 Vehicle Identification Number 的缩写，即车辆识别代码，是由 17 位字母、数字组成的编码，所以又称 17 位识别代码。VIN 经过排列组合，可以使车辆在 30 年之内不会发生重号的现象，这很像我们的身份证不会产生重号一样，它具有对车辆的唯一识别性，因此有人将其称为“汽车身份证”。VIN 中含有车辆的制造厂家、生产年代、车型、车身型式、发动机以及组装地点等关键信息。

VIN 由三部分组成：

(1) 世界制造厂识别代码(WMI)，为 VIN 码的前三位，用以标识车辆的制造厂。

——第 1 位：表示地理区域，如非洲、亚洲、欧洲、大洋州、北美洲和南美洲；

——第 2 位：表示一个特定地区内的一个国家，美国汽车工程师协会(SAE)负责分配国家代码；

——第 3 位：表示某个特定的制造厂，由各国的授权机构负责分配。如果某制造厂的年产量少于 500 辆，WMI 的第三个字码就是 9。

(2) 车辆说明部分(VDS)，为 VIN 的第 4～8 位，分别对车辆的车型特征进行描述。

——4～8 位(VDS)：车辆特征。

轿车：种类、系列、车身类型、发动机类型及约束系统类型；

多用途车(MPV)：种类、系列、车身类型、发动机类型及车辆额定总重；

载货车：型号或种类、系列、底盘、驾驶室类型、发动机类型、制动系统及车辆额定总重；

客车：型号或种类、系列、车身类型、发动机类型及制动系统。

(3) VIN 码的第 9 位为检验位，是为了检验车辆代号的准确性，防止有些不懂的人改动 VIN 码。

——第 9 位：校验位，通过一定的算法防止输入错误。

(4) 车辆指示部分(VIS)，为 VIN 的第 10～17 位，描述了车辆的生产年份、装配厂等信息。

——第10位:车型年份,即厂家规定的型年(Model Year),不一定是实际生产的年份,但一般与实际生产的年份之差不超过1年。

——第11位:装配厂。

——12～17位:顺序号,一般情况下,汽车召回都是针对某一顺序号范围内的车辆,即某一批次的车辆。

VIN的获知方式:

——VIN标牌应固定在门铰链柱、门锁柱或与门锁柱接合的门边之一的柱子上,接近于驾驶员座位的地方,如果没有这样的地方可利用,则固定在车门内侧靠近驾驶员座位的地方。

——VIN的位置应当是除了外面的车门外,不移动车辆的任何零件就可以容易读出的地方。

——我国轿车的VIN码大多在发动机舱、仪表板左侧或风挡玻璃左下面。

——可从汽车产品的行驶证、车主手册、保险单等处获知。

26. 消费者可通过哪些途径和方式报告汽车产品缺陷?

对于消费品的缺陷信息采集,根据《中华人民共和国消费者权益保护法》(2009年修正),消费者为有效保护自身权益,可根据具体情况向消费者所在地政府相关管理部门进行报告。因汽车产品是特殊消费品,对于汽车产品缺陷信息的报告,应同时向国家质检总局缺陷产品管理中心进行报告。

《条例》规定:国务院产品质量监督部门负责全国缺陷汽车产品召回的监督管理工作。在落实过程中,具体承担机构是"国家质检总局缺陷产品管理中心"。消费者可通过以下途径对汽车产品缺陷信息进行报告:

(1) 网站。通过生产经营者、经销机构、质量技术监督部门或其他相关机构的门户网站,按缺陷信息采集栏目中的要求,逐一填写相关数据项后提交报告,并可随时了解处理进程。

(2) 电话。消费者也可以通过电话把发生汽车产品质量事件/事

故的问题向生产经营者、经销机构、质量技术监督部门或其他相关机构反映产品质量问题，并提出自己的意见和合理诉求。

（3）邮箱。消费者可通过邮箱报告缺陷信息。

（4）信函（或传真）。消费者可把遇到的汽车产品质量事件/事故问题用信函形式如实反映给生产制造商、产品经营者、质量技术监督部门或其他相关机构，以寻求解决问题。

（5）来访。消费者可到生产经营者住地、经销机构、质量技术监督部门或其他相关机构住地直接反映汽车产品质量事件/事故问题，还可以把事故相关资料照片或小件残品带去，请有关人员帮助判断和解决问题。

国家质检总局缺陷产品管理中心具体的缺陷信息采集渠道为：

呼叫中心：010－59799616；

网络平台：www. dpac. gov. cn；

邮箱：tousu@dpac. gov. cn；

传真：010－82800970。

国家质检总局缺陷产品管理中心采集缺陷信息的电话、传真、电子信箱和通信地址等联系方式的变化情况可在其网站 http://www. dpac. gov. cn 上查询。消费者可以通过以上任意一种方式向该中心报告真实、详细的可能存在缺陷汽车质量问题的信息。报告人对报告内容的真实性应负法律责任。

27. 发现汽车产品可能存在缺陷时，对缺陷信息进行报告的主体必须是车主吗？

根据《中华人民共和国消费者权益保护法》（2009 年修正版）第三十四条：消费者和经营者发生消费者权益争议的，可以通过下列途径解决：向有关行政部门申诉。因此，消费者有权利向有关行政部门就可能存在缺陷的汽车产品进行投诉。第五条：国家保护消费者的合法权益不受侵害。国家采取措施，保障消费者依法行使权利，维护消费者的合法权益。因此，消费者（车主）对缺陷汽车产品投诉的行为，既是保护消费者利益的需要，也是每个消费者的权利。第七条：消费者在购买、使用商品和接受服务时享有人身、财产安全不受损害的权利。

因此，除车主以外的消费者（如乘坐巴士的乘客，不是车主但也属消费者），在发现消费者使用的汽车产品可能存在缺陷时，也有权利进行投诉。

汽车产品缺陷可能会给驾驶员、乘员和其他交通参与者带来人身伤害或财产损失。因此，《条例》中进一步明确："任何单位和个人有权向国务院产品质量监督部门投诉汽车产品可能存在的缺陷"。消费者或其他单位和个人（不论是否是汽车产品的所有者或使用者），凡是发现汽车产品可能存在缺陷问题的，都有权及时向国家质检总局缺陷产品管理中心报告缺陷信息，这不仅是对自身合法权益的维护，更是对众多消费者权益的保护。

28. 消费者如何通过网络平台向主管部门报告产品可能存在的缺陷信息？

国家质检总局缺陷产品管理中心官方网站设置了"缺陷采集"栏目，消费者可通过此功能提交关于汽车、儿童玩具或其他消费品等产品可能存在缺陷的报告。对于其他例如使用不当造成的问题、经济纠纷问题、怀疑推测、制假售假等问题不在"缺陷采集"的采集范围内，建议将这类内容报告给相关部门。如消费者提交的关于产品可能存在缺陷的报告与上述表达相符，报告将被收入缺陷信息数据库中，作为主管部门综合判断产品是否存在缺陷的一个重要信息来源。主管部门将依据《缺陷汽车产品召回管理条例》《儿童玩具召回管理规定》等法律法规开展工作，消费者的报告可能对维护您即社会公众的人身、财产安全发挥重要作用。

29. 消费者通过网络平台对汽车产品可能存在的缺陷进行报告时需要提供哪些信息？

消费者通过国家质检总局缺陷产品管理中心网站对汽车产品可能存在的缺陷进行报告时，应提供以下基本信息：

——联系人的基本信息。主要包括：车主姓名，证件类型、证件号码、所在省市、联系方式等信息；

——车辆信息。主要包括：汽车产品的生产者名称、品牌、型号、

年款、车型系列、VIN码及购买时间、地点等信息；

——缺陷描述信息。如所在总成、所在分总成、三级总成、具体部位、涉及零部件是否为车辆出厂时原装零部件缺陷描述、是否发生交通事故、是否造成人员伤亡、其他情况描述等信息。

30. 消除汽车产品缺陷的方式主要有哪些？

《条例》第十九条明确消除汽车产品缺陷的方式主要有四种：

——修正或者补充标识；

——修理；

——更换；

——退货。

具体采用哪种措施来消除缺陷，将由生产者综合考虑缺陷情况、配件准备情况、相关成本等因素自行选择最合理的方式，生产者将对召回措施消除缺陷的有效性和可操作性承担责任。

31. 消费者是否应承担消除缺陷时所产生的相关费用？

消费者无需承担因消除缺陷所产生的费用。根据《条例》规定，如果汽车产品存在缺陷，生产者应当进行召回，并且承担以下费用：

——消除缺陷的费用。包括修正或补充标识、修理、更换和退货的费用，应该由生产者承担。

——必要的运送缺陷汽车产品费用。该费用是指当车辆不能安全行驶到召回维修地点，危险性很严重，需要拖车或运送所发生的费用。

《条例》第二十八条规定"生产者依照本条例召回缺陷汽车产品，不免除其依法应当承担的责任"。如果有其他民事责任（包括费用），生产者应依据《消费者权益保护法》《合同法》等其他相关法律法规承担责任。

32. 消费者应如何配合生产者做好缺陷汽车产品的召回工作？

汽车产品不仅涉及车主自身利益和安全，也涉及到他人及公共安

全。对生产者实施的缺陷汽车产品召回,各相关方都责任和义务给予配合与支持。作为消费者来说,应配合做好以下工作:

——当消费者(车主)的联系方式变动时,应及时向生产者、经营者提供有效、准确、常用的联系方式;

——主动关注国家产品质量监督部门官方网站(www. aqsiq. gov. cn、www. dpac. gov. cn),以便及早了解车辆缺陷信息,避免车辆存在的缺陷造成安全事故;

——一旦获知自己的车辆在召回范围内后,应尽快与维修站点联系,配合生产者的召回工作,消除车辆存在的缺陷。

33. 如果错过了生产者公布的缺陷汽车产品召回时间期限,还可以要求厂家召回吗?

对存在缺陷的汽车产品实施召回,是生产者的责任和义务。《条例》第八条规定:对缺陷汽车产品,生产者应当依照本条例全部召回。

根据主管部门的要求,生产者对每次汽车召回都要公布一个时间期限,主要目的是敦促和监督生产者在这个期限内达到一定的召回完成率,获得良好的召回效果。消费者在获知汽车召回信息后,应尽快到维修站进行车辆检修,以消除安全隐患,保护自己、他人和公众的安全。但在生产者公布的时间期限之后,生产者仍然有义务按照公布的召回措施消除缺陷汽车产品的缺陷。

因此,只要在召回范围内,即使过了召回期限,车主依然可以到当地维修站进行召回。如果生产者拒绝,车主可以向主管部门反映。

34. 若不配合生产者召回缺陷汽车产品,是否会受到相应处罚?

汽车产品若存在缺陷,可能会给驾驶人、乘客和其他道路交通参与者带来人身伤害或财产损失,为了保护消费者人身和财产安全、维护社会公共安全,《条例》要求生产者全部召回缺陷汽车产品,并采取措施免费为消费者的汽车消除缺陷。同时,《条例》第十八条第三款规定“车主应当配合生产者实施召回”,但没有明确相应的处罚条款。

对于获知汽车产品召回,而又不愿意或未能将缺陷汽车到维修点

实施召回的消费者（车主），虽然不会直接受到法律处罚，但随时面临着缺陷汽车产品可能带来的事故风险。

35. 对车辆进行改装后获知该车属于缺陷汽车产品，是否还可以进行召回？如果改装后消除了缺陷问题，是否会获得相应补偿？

消费者如果对所购买的车辆进行了合法改装，当获知该车属于缺陷汽车产品时，仍应配合生产者实施召回以消除汽车产品的缺陷。

如果消费者在改装汽车时，更换存在缺陷的部件，或已经消除了汽车产品原有的安全隐患，在这种情况下，消费者通常不能获得生产者的补偿。如果因自行改装导致汽车产品出现安全性问题，生产者对此不承担召回义务。

36. 消费者（车主）未将缺陷汽车产品实施召回，如汽车缺陷问题引发事故，责任由谁承担？

《条例》规定生产者、国务院产品质量监督部门向社会公布有关缺陷汽车产品信息，其重要目的是希望缺陷汽车的所有人、使用人、消费者（车主）能够及时获知召回信息，尽快配合生产者采取措施消除缺陷车辆的安全隐患。因此，消费者（车主）无论是接到生产者的通知，还是通过公共媒体获取召回信息，都应当尽快按照生产者的通知要求对汽车产品进行召回处置，以防止缺陷汽车产品对自己和他人的人身、财产安全造成损害，这也是维护公共安全和保障公共利益的要求。对此，《条例》规定：车主应当积极配合生产者的汽车召回活动。包括主动向生产者提供准确有效的联系方式，主动关注和查询汽车召回信息，一旦获知自己的车辆在召回范围内，应当尽快配合生产者消除缺陷。

如果消费者（车主）明知汽车在召回范围内，但却未配合实施召回且依然使用缺陷汽车产品，一旦发生事故，不但自己可能会受到伤害，万一因事故造成第三方伤害或财产损失，可能还将依法承担第三方赔偿责任，车主向生产者的追偿权利可能会受到影响。所以，消费者在获知汽车在召回范围内时，应当积极配合生产者进行召回。

37. 消费者对于汽车产品存在缺陷以外的质量问题并造成相关损失时，可依据哪些法律法规追究生产者的相关法律责任？

根据《条例》第28条规定：生产者依照本条例召回缺陷汽车产品，不免除其依法应当承担的责任。汽车产品存在本条例规定的缺陷以外的质量问题时，车主有权依照产品质量法、消费者权益保护法等法律、行政法规和国家有关规定以及合同约定，要求生产者、销售者承担修理、更换、退货、赔偿损失等相应的法律责任。因此，消费者可以参考以下法规条款追求生产者相关法律责任和寻求救济：

——根据《中华人民共和国产品质量法》第四十一条规定："因产品存在缺陷造成人身、缺陷产品以外的其他财产（以下简称他人财产）损害的，生产者应当承担赔偿责任"。

——根据《中华人民共和国消费者权益保护法》第十九条规定："经营者发现其提供的商品或者服务存在缺陷，有危及人身、财产安全危险的，应当立即向有关行政部门报告和告知消费者，并采取停止销售、警示、召回、无害化处理、销毁、停止生产或者服务等措施。采取召回措施的，经营者应当承担消费者因商品被召回支出的必要费用。"

——根据《中华人民共和国侵权责任法》第四十一条规定："因产品存在缺陷造成他人损害的，生产者应当承担侵权责任"。

——根据《中华人民共和国侵权责任法》第四十二条规定："因销售者的过错使产品存在缺陷，造成他人损害的，销售者应当承担侵权责任。销售者不能指明缺陷产品的生产者也不能指明缺陷产品的供货者的，销售者应当承担侵权责任"。

——根据《中华人民共和国侵权责任法》第四十三条规定："因产品存在缺陷造成损害的，被侵权人可以向产品的生产者请求赔偿，也可以向产品的销售者请求赔偿。产品缺陷由生产者造成的，销售者赔偿后，有权向生产者追偿。因销售者的过错使产品存在缺陷的，生产者赔偿后，有权向销售者追偿"。

——根据《中华人民共和国侵权责任法》第四十四条规定："因运输者、仓储者等第三人的过错使产品存在缺陷，造成他人损害的，产品

的生产者、销售者赔偿后，有权向第三人追偿”。

——根据《中华人民共和国侵权责任法》第四十五条规定：“因产品缺陷危及他人人身、财产安全的，被侵权人有权请求生产者、销售者承担排除妨碍、消除危险等侵权责任”。

——根据《中华人民共和国侵权责任法》第四十六条规定：“产品投入流通后发现存在缺陷的，生产者、销售者应当及时采取警示、召回等补救措施。未及时采取补救措施或者补救措施不力造成损害的，应当承担侵权责任”。

——根据《中华人民共和国侵权责任法》第四十七条规定：“明知产品存在缺陷仍然生产、销售，造成他人死亡或者健康严重损害的，被侵权人有权请求相应的惩罚性赔偿”。

38. 轮胎的规格参数应如何填写？

按照国际标准，轮胎的规格参数一般是由六部分组成：轮胎宽度(mm)＋轮胎断面的扁平率(%)＋轮胎类型代号＋轮圈直径(in)＋负荷指数＋许用车速代号。该参数前的字母，表示适用的车型。

轮胎规格参数表示的含义如图 2 所示。

轮胎的负荷指数代号与对应的承载质量如表 1 所示。

表 1　部分负荷指数代号与对应承载质量列表

承载质量单位：kg

负荷指数	61	62	63	64	65	66	67	68	69	70
承载质量	257	265	272	280	290	300	307	315	325	335
负荷指数	71	72	73	74	75	76	77	78	79	80
承载质量	345	355	365	375	387	400	412	425	437	450
负荷指数	81	82	83	84	85	86	87	88	89	90
承载质量	462	475	487	500	515	530	545	560	580	600
负荷指数	91	92	93	94	95	96	97	98	99	100
承载质量	615	630	650	670	690	710	730	750	775	800
负荷指数	101	102	103	104	105	106	107	108	109	110
承载质量	825	850	875	900	925	950	975	1000	1030	1060
说明	本表中的负荷指数仅为一部分									

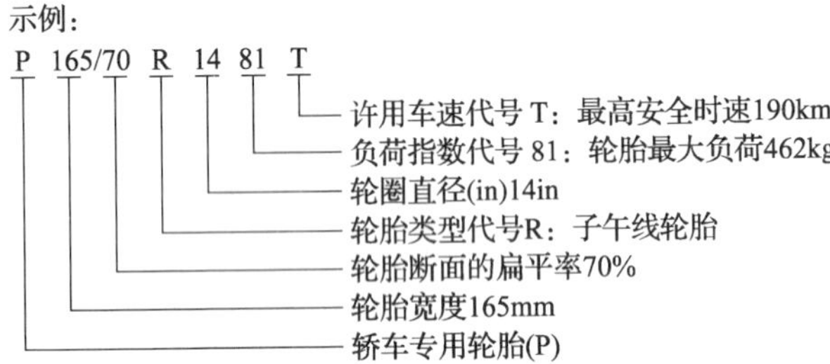

图2 汽车轮胎规格含义示例

轮胎许用车速标识代号所允许的最大时速如表 2 所示。许用车速表示对车辆速度的极限限制，超过该值可能引起爆胎，速度级别越高，轮胎设计及对材料的要求也就越高。

表 2 轮胎许用车速标识代号表

速度标识	最大时速/(km/h)	速度标识	最大时速/(km/h)
M	130	U	200
N	140	H	210
P	150	V	240
Q	160	W	270
R	170	Y	300
S	180	Z	超过 240
T	190		

39. 缺陷轮胎产品如何进行召回?

汽车轮胎是装配在汽车上用于接地滚动的圆环形弹性橡胶制品。它和汽车悬架共同来缓解在汽车行驶时所受到的冲击和振动,保证汽车有良好的乘座舒适性和行驶平顺性,保证车轮和路面有良好的附着性。轮胎的质量对于汽车的牵引性、制动性、承载性、驾驶的安全性来说,有着直接的密切关系。

轮胎作为汽车整车产品的必备部件,任何一款新车(家用汽车产品)出厂,均会装备上四个轮胎(称为装备轮胎)和一个备用轮胎。当消费者发现或获知属缺陷产品时,应及时与生产者或经营者取得联系。根据《条例》规定,汽车产品出厂时随车装备的轮胎和备用轮胎应由整车生产者负责召回。

轮胎不仅是汽车产品的重要部件,也是汽车产品的易损部件。轮胎常在复杂和苛刻的条件下使用,并随时承受着各种变形、负荷、内外力以及高低温作用,受损因素较多。为了保障行车安全,消费者应每天检查轮胎的状况,对已受损或已到使用寿命的轮胎需及时维护或更换。这种在售后服务环节购买并用于更换的轮胎称为替换轮胎(非原装轮胎)。《条例》规定非原装的轮胎(即在售后服务环节更换的轮胎)由轮胎生产者负责召回。

缺陷轮胎产品召回的补救措施通常是补充或更改标识、更换轮胎等。为了确保在轮胎召回时能够及时通知到车主,建议消费者在轮胎经销商或厂家处留下正确有效的联系方式,另外随时关注主管部门和轮胎厂家发布的召回公告信息。

40. 消费者依据召回公告如何检查自己的车辆轮胎是否属于召回范围?

轮胎作为汽车产品的重要部件,在生产时,生产者是通过印制在轮胎产品上的生产批号来确定该轮胎产品的生产时间和编号定位。生产批号通常是用一组数字及字母标志,表示轮胎的制造时间及数量。消费者购买替换轮胎时,也往往可通过该生产批号识别轮胎的新旧程度及存放时间。如“08N08B5820”表示 2008 年 8 月 B 组生产的第

5820只轮胎。

又如某轮胎生产企业，于2011年4月1日发布公告，决定自2011年4月15日起，召回该厂在2008年生产的批次编号为C0 2208和C0 4008、2009年生产的批次编号为C0 0509和C0 0909、2010年生产的批次编号为C0 2410和C0 2910，以及2011年生产的批次编号为C0 0111的轮胎产品，共七个批次，涉及轮胎数量共计302673条。

这里，该厂产品生产批号的含义为：

CO——表示该产品的生产地，天津；

2208——表示2008年第22周生产的产品；

0111——表示2011年第1周生产的产品；

以此类推。

对此，消费者只需要查找印制在轮胎上的生产批号与召回公告中的生产批号进行核对就可以知道该产品是否属于召回的缺陷产品了。

第三篇　生产经营者篇

41. 缺陷产品召回涉及哪些生产经营服务机构？

缺陷产品召回管理是一种针对缺陷产品的安全管理制度，即要求生产者依据法规的要求召回可能危及消费者人身和财产安全的产品，以消除缺陷产品可能带来的安全隐患。缺陷产品召回管理的责任主体主要是产品生产者，并涉及到销售商、租赁商、修理商。

汽车产品生产者：指在中国境内注册，制造、组装汽车产品并以其名义颁发产品合格证的企业，以及将制造、组装的汽车产品已经销售到中国境内的外国企业。进口商视同为汽车产品制造商。汽车产品进口商指从境外进口汽车产品到中国境内的企业。

汽车产品经营者：汽车销售商、租赁商、修理商的统称。汽车产品销售商指销售汽车产品，并收取货款、开具发票的企业。汽车产品租赁商指提供汽车产品为他人使用，收取租金的自然人、法人或其他组织。汽车产品修理商指为汽车产品提供维护、修理服务的企业和个人。

42. 缺陷汽车产品召回的责任主体是谁？

《条例》明确：汽车产品的生产者，是指在中国境内依法设立的生产汽车产品并以其名义颁发产品合格证的企业。从中国境外进口汽车产品到境内销售的企业（汽车进口商），视为生产者。这里的"生产"，其涵义包括独立制造、改装和组装汽车产品。

《中华人民共和国产品质量法》第二十六条规定，"生产者应当对其生产的产品质量负责"。据此，汽车产品生产者对其所制造和出售的汽车产品，应当对汽车产品质量负责，并依法承担因汽车产品存在缺陷而引发的行政责任、民事责任和刑事责任。因此，缺陷汽车产品的生产者是该产品召回的责任主体。

根据《条例》，对于在中国境内制造、出售的汽车产品存在缺陷的，包括汽车的原装轮胎，其召回的责任主体是（整车）生产者；对于进口

汽车产品存在缺陷的，该产品召回的责任主体是进口商。对于汽车产品的非原装轮胎，即在售后服务环节更换的汽车轮胎，其召回的责任主体是轮胎生产者。

43. 生产者有哪些主要的法律义务？

《条例》明确了生产者的以下主要法律义务：

——对缺陷汽车产品，应当依照本条例全部召回；

——应当建立并保存汽车产品设计、制造、标识、检验等方面的信息记录以及汽车产品初次销售的车主信息记录，保存期不得少于10年。

——应当将生产者基本信息、汽车产品相关信息等报国务院产品质量监督部门备案；

——获知汽车产品可能存在缺陷的，应当立即组织调查分析，并如实向国务院产品质量监督部门报告调查分析结果；

——确认汽车产品存在缺陷的，应当立即停止生产、销售、进口缺陷汽车产品，并实施召回；

——应当配合主管部门的缺陷调查，提供调查需要的有关资料、产品和专用设备；

——被责令实施召回时，应当立即停止生产、销售、进口缺陷汽车产品，并实施召回；

——实施召回，应制定召回计划，并报国务院产品质量监督部门备案。修改已备案的召回计划应当重新备案；召回计划的内容应同时通报销售者；

——应当按照召回计划实施召回；

——实施召回，应当以便于公众知晓的方式发布信息。告知车主汽车产品存在的缺陷、避免损害发生的应急处置方法和生产者消除缺陷的措施等事项；

——对实施召回的缺陷汽车产品，应当及时采取修正或者补充标识、修理、更换、退货等措施消除缺陷；

——应当承担消除缺陷的费用和必要的运送缺陷汽车产品的费用；

——应当按照主管部门的规定，提交召回阶段性报告和召回总结报告。

44. 生产者的商业秘密包括哪些内容？

《中华人民共和国反不正当竞争法》第十条规定：商业秘密是指不为公众所知悉、能为权利人带来经济利益、具有实用性并经权利人采取保密措施的技术信息和经营信息。

商业秘密包括两部分：

——技术信息。如生产配方、工艺流程、技术诀窍、设计图纸等。

——经营信息。如管理方法，产销策略，客户名单、货源情报等。

商业秘密具有三个构成要件：

(1) 该信息不为公众所知悉。即该信息是不能从公开渠道直接获取的；

(2) 该信息能为权利人带来经济利益，具有实用性；

(3) 权利人对该信息采取了保密措施。

45. 生产者为何要进行备案？应将哪些内容进行备案？

备案是指提交给管理部门用于存档以备查考的材料或凭据，不需要主管部门的批准同意。报备者应根据实际变化或需要及时调整并重新申报备案，以确保备案信息的准确性、及时性，以免造成不利后果。

汽车生产商报送给国务院产品质量监督部门的备案信息，将是主管部门履行职能、实施监督和检查的重要依据，具有法律效力。

《条例》规定汽车生产者应将以下内容进行备案：

——生产者基本信息；

——汽车产品技术参数和汽车产品初次销售的车主信息；

——因汽车产品存在危及人身、财产安全的故障而发生修理、更换、退货的信息；

——汽车产品在中国境外实施召回的信息；

——国务院产品质量监督部门要求备案的其他信息。

如果生产者未按规定对有关信息进行备案，根据《条例》第二十二条第二款规定，产品质量监督部门将会责令改正；拒不改正的，处5万元以上20万元以下的罚款。

46. 生产者需要备案的生产者基本信息主要包括哪些？

汽车生产者备案的生产者基本信息主要内容包括：

——生产者基本信息登记表；

——企业法人营业执照副本；

——组织机构代码证；

——生产厂基本信息登记表；

——境外制造商基本信息登记表；

——《汽车召回授权委托书》；

——生产者授权委托企业基本信息登记表；

——根据召回管理工作需要，生产者需备案的其他内容。

47. 汽车产品技术参数和汽车产品初次销售的车主信息具体包括哪些？

根据《条例》要求，生产者应当向主管部门备案汽车产品技术参数信息和汽车产品初次销售的车主信息，这些信息包括：

(1) 车型系列信息

主要包括：品牌、车型系列、车型名称、型号、境外通用名称等信息。

(2) 车型基本配置信息

主要包括：车辆类别、品牌、车型系列、车型名称、型号、投产日期、上市时间、车辆类型、年款、排量、核定载客数、载重量、最大总质量、发动机类型、变速器类型、车辆驱动形式、外形尺寸、制动系统类型、转向系统类型、安全带装备类型、安全气囊装备数量及类型、轮胎品牌与规格、维修手册、配件目录、用户使用手册、车辆规格与技术参数等信息。

(3) 汽车产品初次销售的车主信息

主要包括：VIN号码、型号、发动机号、生产日期、经销商名称、购

买时间、车主姓名、身份证号、固定电话、手机号码等信息。

48. 汽车产品存在危及人身、财产安全的故障而发生修理、更换、退货的信息应进行备案，主要包括哪些信息？

汽车产品因为存在危及人身、财产安全故障而发生修理、更换、退货的案例，是发现汽车产品缺陷的重要线索之一，主管部门和生产者都应当重视对于这些案例的整理和分析。为此，《条例》规定生产者需向主管部门备案这些信息。具体信息主要包括：

——相关车辆的信息：品牌、车型系列、车型、VIN号码、发动机号、车主姓名、车主联系方式等。

——车辆故障描述：故障现象、故障所属系统及其位置、故障产生原因、可能产生的危险及其严重程度、导致的后果、故障发生前及发生时车辆警示信息、故障维修措施、最终处理措施（修理、更换还是退货）等。

——如果涉及到零件供应商，需注明零部件供应商信息。

——如果涉及到轮胎，需注明轮胎信息。

——处理情况等其他信息。

49. 产品质量监督部门要求生产者对汽车产品在中国境外实施召回的信息进行备案，具体包括哪些信息？

获取境外召回信息是国务院产品质量监督部门及时发现缺陷汽车产品并有效监管缺陷汽车产品召回的重要手段。具体信息主要包括：发布日期、召回开始时间、涉及国家、召回数量、品牌、车型、召回原因、改进措施、市场处置措施、是否涉及中国市场、原始文件等信息。

50. 国务院产品质量监督部门要求生产者备案的其他信息包括什么？

目前，国务院产品质量监督部门要求生产者备案的其他信息主要包括：

——经销商信息。主要包括：经销商（维修站）名称、经销商代码、法定代表人、组织机构代码、详细地址、电子邮件、办公电话、服务电话、业务负责人姓名、月平均维修能力、涉及品牌等信息。

——技术服务公告（TSB）信息。主要包括：标题、通报类型、编号、总成分类、品牌、车型系列、车型、发布日期、原始文件名称、原始文件等信息。

——根据召回工作不断变化的情况，不断调整，确定要求备案的其他信息。

51. 生产者对汽车产品实施调查分析的启动条件是什么？

一般情况下，生产者在有下列情形时，应组织开展对汽车产品的调查分析：

——收到汽车产品因质量问题造成人身伤害或财产损失的消费者投诉；

——获知因使用汽车产品而导致人身伤害的事故；

——接到主管部门进行调查分析的通知；

——发现或自认为产品可能存在与人身和财产安全有关的质量问题的；

——通过其他途径获知其汽车产品可能存在缺陷的。

52. 生产者认为汽车产品不存在缺陷而提出异议时需要满足哪些要求？

生产者认为汽车产品不存在缺陷而提出异议申请时，应当按照《条例》第十五条第二款规定，在15个工作日内向国务院产品质量监督部门提交异议申请书，同时提交汽车产品不存在缺陷的证明材料。从形式要件上看，生产者提出异议应当符合以下三个方面的要求：

（1）提起异议的时限要求：自收到国务院产品质量监督部门通知之日起15个工作日内，根据我国有关期日的计算方式，收到通知的当日不包括在内。

(2) 提起异议的对象是国务院产品质量监督部门。

(3) 提起异议的要件：应当同时提交用以证明汽车产品不存在缺陷的证明材料。

53. 当生产者获知汽车产品可能存在缺陷时，应采取什么措施？

生产者获知汽车产品可能存在缺陷时，应当采取以下措施：

——立即组织调查分析；

——如实向国务院产品质量监督部门报告调查分析结果。

调查分析后，应按期限、形式、内容要求等，如实向国务院产品质量监督部门提交分析报告。报告内容一般情况下主要包括：

——起因背景；

——调查分析过程；

——分析方法；

——结论；

——应对措施。

54. 生产者的什么行为属于《条例》规定的“隐瞒缺陷”？“隐瞒缺陷”将会受到什么处罚？

一般情况下，生产者的以下行为属于《条例》规定的“隐瞒缺陷”：

——在汽车产品投入市场后，发现或确定汽车产品存在缺陷，但未如实或及时向国务院产品质量监督部门报告。不履行缺陷汽车产品报告义务。

——在汽车产品投入市场后，发现或确定汽车产品存在缺陷，但不向社会公开信息，隐瞒本企业汽车产品存在缺陷的情况。不履行缺陷汽车产品公告义务。

根据《条例》第二十三条，生产者的上述行为将由产品质量监督部门责令改正，处缺陷汽车产品货值金额1%以上10%以下的罚款；有违法所得的，并处没收违法所得；情节严重的，由许可机关吊销有关许可。

若由此引发有相关事故，依法还将承担其他相应法律责任。

55. 生产者和经营者应如何配合产品质量监督部门开展缺陷调查？如果不配合，可能会受到什么处罚？

《条例》明确，在产品质量监督部门开展缺陷调查过程中，生产者有义务提供相关资料、产品和专用设备，经营者有义务提供有关资料。

由于汽车产品是一种集机、电、液一体化的高科技产品，国家产品质量监督部门在缺陷调查过程中，除需要获取技术文档和相关材料外，可能还需要对相关车辆或零部件进行检测、诊断或试验。但汽车的很多检测和诊断任务必须使用原厂的检测诊断设备和工具才能完成。因此，可能需要生产者提供检测检测设备和工具，有时可能还需要生产者提供相关汽车产品或零部件等。

如果生产者和经营者不配合产品质量监督部门缺陷调查，包括不提供必要的技术资料、汽车或零部件产品、专用工具或专用的检测和诊断设备，故意阻碍缺陷调查，甚至有暴力行为，国家产品质量监督部门则可以依法采取多种手段给予处罚并采取强制措施。例如：

——经济处罚。《条例》规定：生产者、经营者不配合产品质量监督部门缺陷调查，由产品质量监督部门责令改正；拒不改正的，处50万元以上100万元以下的罚款；有违法所得的，并处没收违法所得；情节严重的，由许可机关吊销有关许可。

——强制控制。根据《中华人民共和国行政强制法》，行政机关在行政管理过程中，为制止违法行为、防止证据损毁、避免危害发生、控制危险扩大等情形，依法对公民的人身自由实施暂时性限制，或者对公民、法人或者其他组织的财物实施暂时性控制的行为。

——妨害公务罪。如生产者、经营者及其工作人员采取暴力、威胁方法不配合缺陷调查的，可能构成刑法第二百七十七条规定的妨碍公务罪，即以暴力、威胁方法阻碍国家机关工作人员依法执行职务的，处三年以下有期徒刑、拘役、管制或者罚金。

56. 当确认汽车产品存在缺陷时，生产者应采取什么措施？

生产者通过自己的调查分析或主管部门的通知，确认其汽车产品

存在缺陷的，应当采取如下措施：

——立即停止生产、销售缺陷汽车产品；

——应当通知进口商、销售者立即停止进口和销售缺陷汽车产品；

——制定缺陷汽车产品召回计划；

——将召回计划报国务院产品质量监督部门备案；

——将召回计划告知经营者；

——按召回计划组织实施。

57. 生产者制定的召回计划主要包括哪些内容？

生产者制定的召回计划的内容一般应主要包括：

——召回实施时间；

——受影响的车辆生产厂家、车型、年款、生产时间、数量、VIN码范围和详细清单；

——缺陷原因及图形描述；

——缺陷可能的后果；

——缺陷消除的措施；

——召回措施；

——召回实施时间；

——车主通知方式；

——被召回车主的清单；

——客服和咨询电话；

——可能的召回完成率；

——缺陷零部件的生产厂家（供应商信息）；

——同类零部件还用于哪些厂家和车型；

——问题的投诉情况；

——伤害情况；

——如何通知车主预防缺陷可能产生伤害的措施并及时到店进行召回维修的措施；

——如何及时停止生产和进口的措施；

——如何及时通知经销商停止销售的措施等。

58. 召回计划制定后是否要备案？不备案会受到什么处罚？

召回计划是生产者针对即将开展的召回活动所制定的具体实施方案，是生产者对主管部门和消费者的承诺，也是主管部门进行召回过程监管和召回效果评估的重要依据。召回计划制定后，应尽快向国务院产品质量监督部门备案。

《条例》第十六条规定，召回计划必须向产品质量监督部门备案，且一经备案，召回计划将成为具有法律效力的文书，将作为主管部门监督管理的依据。如果修改已备案的召回计划应当重新备案。根据《条例》第22条规定第2款，生产者未按照规定备案召回计划，由产品质量监督部门责令改正；拒不改正的，处5万元以上20万元以下的罚款。

59. 生产者在制定召回计划并向产品质量监督部门备案后，应落实哪些工作？如未落实，可能面临什么处罚？

生产者在制定召回计划并向产品质量监督部门备案后，应落实如下工作：

(1) 及时向销售者通报召回计划。《条例》第二十三条第三款规定，如生产者未将召回计划通报销售者，产品质量监督部门将会责令改正；拒不改正的，处50万元以上100万元以下的罚款；有违法所得的，并处没收违法所得；情节严重的，由许可机关吊销有关许可。

(2) 以便于公众知晓的方式向社会发布相关信息。

(3) 严格按召回计划组织实施。生产者未按照已备案的召回计划实施召回的，根据《条例》第二十三条第二款规定，产品质量监督部门将会责令改正；拒不改正的，处50万元以上100万元以下的罚款；有违法所得的，并处没收违法所得；情节严重的，由许可机关吊销有关许可。

(4) 允许修改召回计划，但需要重新备案。本着从实际需要出发，《条例》规定汽车产品生产者制定的召回计划备案后，当在实施缺陷汽车产品召回过程中，若发现召回计划中有需要改动的内容，允许修改召回计划，但该修改过的召回计划必须重新备案。

60. 生产者向销售者通报召回计划时应注意哪些要求？

根据《条例》规定，汽车产品生产者制定的召回计划向产品质量监督部门备案后，应同时将召回计划通报销售者。生产者向销售者通报召回计划，应当注意以下三个方面的要求：

——生产者必须严格按照《条例》规定向销售者通报召回计划。这是生产者的法定义务。

——生产者向销售者通报的召回计划必须是已经向报国务院产品质量监督部门备案的召回计划。也就是说，向销售者通报的召回计划内容不能与备案的召回计划不一致。

——生产者不得拖延向销售者通报召回计划，应准确把握“同时”这一时间要求。

61. 确定召回汽车产品数量时，经销商的库存车辆及在途车辆是否应计算在内？

《条例》指出，所称召回是指汽车产品生产者对其已售出的汽车产品采取措施消除缺陷的活动。因此，汽车产品召回的对象是生产者已售出的汽车产品。

“已售出”的含义是指该汽车产品的产权依法从生产者拥有转变为其他组织或自然人所拥有。因此，凡是已经发生汽车产品产权归属转变的汽车产品，均应视为“已售出”。不仅包括在消费者手中的缺陷汽车产品，还应包括已经发生产权转移的，在运输途中或在经销商库房中的汽车产品(包括二手车)。

对于进口汽车，尚未办理海关进口手续的不包含在内，但这部分车辆如果存在缺陷，也必须在消除缺陷之后才能销售。

生产者在报告汽车召回的数量和范围时，应当将已经发生产权转移的在途车辆和经销商库存的车辆涵盖在内。

62. 经营者特指哪些群体？其法律义务有哪些？

经营者是指从事商品生产、经营或者提供服务的自然人、法人和其他组织。《条例》中的“经营者”特指从事汽车产品销售、租赁和维修业务的相关组织机构。

《条例》规定经营者的法律义务主要包括五个方面的内容：

——建立并保存汽车产品与销售相关信息记录，不得少于5年；

——获知汽车产品存在缺陷的，应当立即停止销售、租赁、使用缺陷汽车产品，并协助生产者召回；

——向国务院产品质量监督部门报告并向生产者通报所获知的汽车产品可能存在缺陷的相关信息；

——国务院产品质量监督部门对汽车产品开展缺陷调查时，经营者应配合缺陷调查工作，允许相关工作人员进入经营场所，查阅、复制相关资料和记录；

——销售者在接到生产者召回计划的通报后，应当立即停止缺陷汽车产品的销售。

63. 生产者决定召回缺陷汽车产品，应怎样通知经营者？

生产者确认汽车产品存在缺陷并根据《条例》制定完成召回计划后，应及时根据召回计划的主要内容，以文档形式正式通知经营者（销售商/租赁商/修理商）或相关合作机构。

64. 生产者实施汽车产品召回可能涉及到哪些费用支出？

生产商实施汽车产品召回，可能涉及的费用较多，主要费用项目包括（可能有些费用由供应商承担）：

(1) 直接费用

——调查分析与产品测试鉴定费用；

——重新设计产品零部件或软件以达到安全标准的设计、制造费用；

——缺陷产品维修、更换或退货的费用；

——收回缺陷产品或零部件的运输费用和存储费用；

——产品处置（如销毁等）费用；

——召回过程中与合作商的协作及沟通费用（包括经销商、维修商、物流商等）；

——召回公告及召回专项宣传费用；

——条例规定的承担消费者运送缺陷汽车产品的费用；

——参与人员的工资报酬、加班费、差旅、办公等费用。

(2) 间接费用

——由于该产品造成消费者伤害而依法判付的赔偿金等费用；

——向政府机关交纳的罚款等（如果发生）。

65. 生产者一般通过哪些渠道发布召回信息？

为了减少和防止缺陷汽车产品可能给消费者等社会公众带来的危害，保障人身、财产安全，生产者在实施缺陷汽车产品召回时，应当以报刊、公共网站、广播电台等便于公众知晓的方式发布信息，除了通过上述公共传播媒介发布信息外，生产者还应当根据消费者（车主）留存的联系方式，通过信函、电话、传真、电子邮件等有效通讯方式定向通知到相关消费者（车主），告知其车辆需要进行召回处理消除缺陷。

一般情况下，生产者发布信息的主要内容应包括：(1)告知车主汽车产品存在的缺陷；(2)避免损害发生的应急处置办法；(3)生产者消除缺陷的措施、召回开始时间等事项。

66. 通常发布的缺陷汽车产品召回公告的内容包括哪些？

缺陷汽车产品召回的公告文书内容一般应包括：

——说明本次召回的汽车产品品牌名称、型号、批次、生产日期的范围，召回的数量。

——描述产品缺陷的性质、危害的严重程度、紧急程度，及避免损害发生的应急处置方法。

——明确采取召回的步骤程序、方法(包括维护维修、退换、退款、回收等)、费用的承担、补救措施、负责机构及地点、联系方法等。

——介绍怎样辨识缺陷产品及必要的相关信息知识。

67. 汽车产品的销售者有哪些责任和义务？

《条例》规定了销售者主要有以下责任和义务：

——在日常经营活动中应建立并保存汽车产品与销售相关信息记录；

——在日常经营活动中发现汽车产品可能存在缺陷的信息时，应当及时向国务院产品质量监督部门报告，同时向生产者通报。

——国务院产品质量监督部门对汽车产品开展缺陷调查时，销售者应配合缺陷调查工作，允许相关工作人员进入经营场所，查阅、复制相关资料和记录。如国家产品质量监督部门对汽车产品进行相关检测、诊断或实验时，销售者应提供汽车产品、零部件、检测设备和工具、相关技术资料等条件。

——销售者在接到生产者召回计划的通报后，应当立即停止缺陷汽车产品的销售、使用。

——协助生产者做好缺陷汽车产品召回工作。

68. 经营者违反《条例》的哪些行为将会面临处罚？

经营者违反《条例》的以下行为会面临处罚：

(1) 不配合产品质量监督部门缺陷调查，由产品质量监督部门责令改正；拒不改正的，处50万元以上100万元以下的罚款；有违法所得的，并处没收违法所得；情节严重的，由许可机关吊销有关许可。

(2) 违反本条例规定，构成犯罪的，依法追究刑事责任。如：

——生产、销售不符合安全标准的产品罪。刑法第一百四十六条规定：生产不符合保障人身、财产安全的国家标准、行业标准的电器、压力容器、易燃易爆产品或者其他不符合保障人身、财产安全的国家标准、行业标准的产品，或者销售明知是以上不符合保障人身、财产安

全的国家标准、行业标准的产品，造成严重后果的，处五年以下有期徒刑，并处销售金额百分之五十以上二倍以下罚金；后果特别严重的，处五年以上有期徒刑，并处销售金额百分之五十以上二倍以下罚金。

——出售或非法提供公民个人信息罪。有关机构工作人员，违反国家规定，将本单位在履行职责或者提供服务过程中获得的公民个人信息，出售或者非法提供给他人，根据刑法第二百五十三条规定，情节严重的，处三年以下有期徒刑或者拘役，并处或者单处罚金。

——妨害公务罪。生产者、经营者及其工作人员采取暴力、威胁方法不配合缺陷调查的，可能构成刑法第二百七十七条规定的妨碍公务罪，即以暴力、威胁方法阻碍国家机关工作人员依法执行职务的，处三年以下有期徒刑、拘役、管制或者罚金。

69. 经营者应建立并保存哪些汽车产品相关信息记录？

根据《条例》规定，并结合实际现状与需求，经营者应当借助现代电子信息技术，建立起计算机网络管理系统，信息电子化与档案纸质化相结合，不断适应数据信息变化的需求、动态的需求、可追溯的需求。

汽车产品相关信息记录根据需要，可根据销售商、租赁商、维修商等责任主体的不同，分别涉及以下信息内容：

——车辆识别信息；

——车辆缺陷信息；

——车辆状态信息；

——车辆处置信息；

——车辆部件信息；

——车辆维修信息；

——车辆租赁信息；

——车辆销售信息；

——车辆案例信息；

——消费者（车主）信息；

——销售商信息；

——租赁商信息；

——维修商信息；

——其他综合信息。

《条例》规定，汽车产品相关信息记录保存期不得少于5年。

70. 经营者发现汽车产品存在缺陷后，应采取哪些措施？

经营者在发现汽车产品存在缺陷信息后，应当做好以下工作：

——及时向国务院产品质量监督部门报告；

——向生产者通报所获知的汽车产品可能存在缺陷的相关信息；

——梳理缺陷汽车产品销售记录、库存档案，以便报备和查验。

71. 生产者违反《条例》的哪些行为将会面临处罚？

生产者违反《条例》的以下行为将会面临处罚：

(一)未按照规定保存有关汽车产品、车主的信息记录；

(二)未按照规定备案有关信息、召回计划；

(三)未按照规定提交有关召回报告。

以上三种情况，由产品质量监督部门责令改正；拒不改正的，处5万元以上20万元以下的罚款。

(四)生产者、经营者不配合产品质量监督部门缺陷调查；

(五)生产者未按照已备案的召回计划实施召回；

(六)生产者未将召回计划通报销售者。

以上三种情况，由产品质量监督部门责令改正；拒不改正的，处50万元以上100万元以下的罚款；有违法所得的，并处没收违法所得；情节严重的，由许可机关吊销有关许可。

(七)未停止生产、销售或者进口缺陷汽车产品；

(八)隐瞒缺陷情况；

(九)经责令召回拒不召回。

以上三种情况，由产品质量监督部门责令改正，处缺陷汽车产品货值金额1%以上10%以下的罚款；有违法所得的，并处没收违法所得；情节严重的，由许可机关吊销有关许可。

72. 生产者、经营者违反《条例》规定涉及犯罪的，将面临怎样的处罚？

生产者、经营者违反《条例》规定构成犯罪的，将依法追究刑事责任。包括对犯罪者人身的处罚和对犯罪者财产的处罚。刑罚的主要形式有：管制、拘役、有期徒刑、无期徒刑、死刑五种主刑，以及处以罚金、剥夺政治权利、没收财产三种附加刑。如：

——妨害公务罪。生产者、经营者及其工作人员采取暴力、威胁方法不配合缺陷调查的，可能构成刑法第二百七十七条规定的妨碍公务罪，即以暴力、威胁方法阻碍国家机关工作人员依法执行职务的，处三年以下有期徒刑、拘役、管制或者罚金。

属单位犯罪的，根据刑法第三十条、三十一条规定：公司、企业、事业单位、机关、团体实施的危害社会的行为，法律规定为单位犯罪的，应当负刑事责任。单位犯罪的，对单位判处罚金，并对其直接负责的主管人员和其他直接责任人员判处刑罚。本法分则和其他法律另有规定的，依照规定。

73. 生产者对其缺陷汽车产品实施了召回，可否免除其依法应当承担的其他法律责任？

本条例所规定的缺陷汽车产品召回只是明确了生产者应依法处置缺陷汽车产品。但不能因为生产者履行了缺陷汽车产品召回义务和承担了相关责任，就免除其应当承担的其他法律法规所规定的相关责任。

当消费者或他人在使用缺陷汽车产品过程中，如果对其人身或财产造成了实际损害，消费者或受害者有权利依据《中华人民共和国产品质量法》《中华人民共和国合同法》《中华人民共和国消费者权益保护法》《中华人民共和国侵权责任法》等法律法规，要求生产者、销售者承担修理、更换、退货、赔偿损失等相应的法律责任。也就是说，本条例不能免除生产者依法应承担的民事赔偿责任。如果生产者触犯了相关法律法规关于刑事责任规定的，也不能免除其依法应承担的相关刑事责任。

74. 生产者应提交哪些召回报告？如未按要求提交可能会受到什么处罚？

向国务院产品质量监督部门提交召回阶段性报告和召回总结报告是生产者应尽的责任和义务。生产者在发布召回公告之后就应定期将召回实施的情况向主管部门进行报告，并在召回计划完成后提交召回总结报告。

缺陷汽车产品召回阶段性报告与缺陷汽车产品召回总结报告是产品质量监督部门了解掌握缺陷汽车产品召回情况的重要渠道，是政府主管部门履行其职能实施监督管理的重要依据。因此，生产者应如实写好这两类报告。

(1) 召回阶段性报告

召回阶段性报告是指生产者根据召回计划定期或不定期向主管部门提交反映某一阶段时间内缺陷产品召回进度及状况的情况报告。

召回阶段性报告的时间周期应按主管部门的要求执行。在未明确具体时间时，可以按时间定期提交，也可以按召回活动的时段分期提交。

(2) 召回总结报告

召回总结报告是指生产者根据召回计划对缺陷产品实施召回在活动结束时提交主管部门反映总体情况的工作报告。召回总结报告一般应在召回计划中所明确的截止时间后完成提交。

如果生产者未按规定的要求提交有关召回报告，根据《条例》第二十二条第三款，由产品质量监督部门责令改正；拒不改正的，处5万元以上20万元以下的罚款。

第四篇　监督管理篇

75.《条例》对负责监督管理的产品质量监督部门提出了哪些具体工作要求？

缺陷汽车产品召回的监督管理是指政府主管部门根据本条例的相关规定，履行对汽车产品生产者实施缺陷产品召回时对各环节的过程监视、督促和管理，使其结果能达到预定目标的活动。

《条例》明确了国务院产品质量监督部门负责全国缺陷汽车产品召回的监督管理工作，国务院有关部门在各自职责范围内负责缺陷汽车产品召回的相关监督管理工作。

《条例》中对国务院产品质量监督部门明确提出的具体工作要求主要有：

——可以委托省、自治区、直辖市人民政府产品质量监督部门、进出口商品检验机构负责缺陷汽车产品召回监督管理的部分工作；

——规定缺陷产品召回技术机构所承担的技术工作；

——公布受理投诉联系方式并受理投诉；

——建立缺陷汽车产品召回信息管理系统，收集汇总、分析处理有关缺陷汽车产品信息；

——建立汽车产品的生产、销售、进口、登记检验、维修、消费者投诉、召回等信息的共享机制；

——特殊情况下开展缺陷调查与组织开展专家论证；

——监督检查或责令生产者对缺陷产品实施召回；

——进行召回效果评估等。

76. 政府相关部门应在哪些信息方面建立共享机制？

产品质量安全管理不只是一个部门的事，需要政府各职能部门的齐抓共管，需要相关组织机构的共同支持。因此，对一些涉及面广、涉及多个政府业务部门的信息实现交流共享或信息交换是非常必要的。

借鉴欧盟成员国和一些欧盟经济区域国家在内的近30个国家加入了欧盟的RAPEX系统，从而实现国家层面上的信息共享经验；借鉴美国与15个国家签署了产品安全协议备忘录，通过这些协议可以共享消费品安全方面的大量信息并及时开展联合行动的经验；借鉴日本要求管理全国各地消费生活中心的国民生活中心与经济产业省共享产品安全事故信息的经验。我国汽车产品管理相关部门重点需在以下方面实现信息共享：

——生产经营者主体基本信息与备案，包括汽车生产经营者（进口商、代理商、维修商等）主体市场准入、工商、税务、质检、商检、海关等机构注册管理等信息；

——汽车产品生产与进口信息，包括汽车产品生产一致性监督管理、汽车产品进出口管理等信息；

——汽车产品投诉信息；

——机动车登记注册与年检信息；

——汽车产品检测、维护、维修信息；

——汽车产品质量安全事故与相关产品造成人身伤害的信息；

——汽车产品缺陷鉴定及汽车产品质量安全事故现场调查结果信息；

——缺陷汽车产品召回相关信息；

——汽车产品引发事故处理案例信息（如司法对消费者权益保护）；

——涉及汽车产品的其他信息等。

77. 缺陷汽车产品召回过程中，产品质量监督部门对生产者的监督管理主要包括哪些内容？

在生产者实施缺陷产品召回过程中，国务院产品质量监督部门监督内容主要包括：

——生产者是否按条例规定的时间对缺陷汽车产品的情况进行了报告；

——生产者是否按条例规定的时间和格式对召回计划进行了备案；

——是否以有效方式通知销售商停止销售，或进口商停止进口，或租赁商停止租赁；

——是否通过公共媒体向社会公布召回信息，召回通知书和召回公报中的召回时间、召回措施等内容是否与备案的召回计划一致；

——是否按照召回计划有效通知车主到维修站进行召回维修；

——是否积极按照召回计划对缺陷汽车实施实际的召回维修以及召回措施是否有效消除了安全隐患；

——在设定的召回时间内是否完成了计划的召回完成率；

——是否按规定提交了阶段性总结报告和总结报告等；

——如果没有完成召回完成率，生产者是否采取了进一步处理措施；

——在召回实施过程中，生产者是否有违法行为，是否需要进行处罚等。

78. 产品质量监督部门及其工作人员违反《条例》规定，泄露他人个人信息的行为应受到何种处罚？

个人信息是指有目的地标记特定行为主体消息或数据的集合。个人信息的分类有多种分类方法。主要包括个人识别信息、生活与身体信息、工作履历与社会行为信息、财产与交易信息及综合信息等。个人信息有两个构成要件：第一，个人信息范围具有广泛性，一切与个人有关的信息都是个人信息；第二，个人信息具有可识别性，通过个人信息可以能够单独或与其他信息结合识别特定行为主体。

《条例》明确规定：产品质量监管部门和有关部门、机构及其工作人员对履行《条例》规定职责所知悉的商业秘密和个人信息，不得泄露。有关机构工作人员如在履行职责或者提供服务过程中将获得的公民个人信息，出售或者非法提供给他人，将可能构成“出售或非法提供公民个人信息罪”。《中华人民共和国刑法修正案（七）》第253条规定：“国家机关或者金融电信、交通、教育、医疗等单位的工作人员，违反国家规定，将本单位在履行职责或者提供服务过程中获得的公民个人信息，出售或者非法提供给他人，情节严重的，处3年以下有期徒刑或者拘役，并处或单处罚金”，“窃取或者以其他非法获取上述信息，情节严重的，依照前款的规定处罚”，“单位犯前两款罪的，对单位判处罚金，并对其直接负责的主管人员和其他直接责任人员，依照各该款的规定处罚”，这是我国现行法律中对个人信息保护最直接也是最严厉的保护手段。

79. 产品质量监督部门根据工作需要委托相关机构，其法律效力是如何确定的？

《中华人民共和国行政许可法》规定：行政机关在其法定职权范围内，依照法律、法规、规章的规定，可以委托其他行政机关实施行政许可。委托行政机关对受委托行政机关实施行政许可的行为应当负责监督，并对该行为的后果承担法律责任。受委托行政机关在委托范围内，以委托行政机关名义实施行政许可；不得再委托其他组织或者个人实施行政许可。

《中华人民共和国行政许可法》明确：行政许可是指行政机关根据公民、法人或者其他组织的申请，经依法审查，准予其从事特定活动的行为；法律、法规授权的具有管理公共事务职能的组织，在法定授权范围内，以自己的名义实施行政许可。

行政委托是行政机关将其职权的一部分，依法委托给其他组织或个人行使的法律行为。受委托者以委托机关的名义实施管理行为和行使职权，并由委托机关承担法律责任。“行政机关在没有法律、法规或者规章规定的情况下，授权其内设机构、派出机构或者其他组织行使行政权的，应当视为委托”。

因此，国务院产品质量监督部门依法委托省、自治区、直辖市人民政府产品质量监督部门、进出口商品检验机构负责缺陷汽车产品召回监督管理的部分工作，其法律责任是由国务院产品质量监督部门承担的。

80. 国务院产品质量监督部门可委托哪些机构负责缺陷汽车产品召回监督管理的部分工作？

国务院产品质量监督部门根据工作需要，可以委托省、自治区、直辖市人民政府产品质量监督部门、进出口商品检验机构负责缺陷汽车

产品召回监督管理的部分工作。

省、自治区、直辖市人民政府产品质量监督部门是指各省、自治区、直辖市质量技术监督局。

进出口商品检验机构是指国家质量监督检验检疫总局设立在全国各地的出入境检验检疫局。

在缺陷汽车产品召回监督管理过程中，国务院产品质量监督部门可视情况将下列工作内容部分委托于上述两类机构组织实施：

(1) 缺陷汽车产品投诉及相关信息的采集与分析；

(2) 配合国务院产品质量监督部门开展缺陷汽车产品调查；

(3) 配合国务院产品质量监督部门对缺陷汽车产品生产者召回过程监督；

(4) 配合国务院产品质量监督部门开展缺陷汽车产品召回效果评估；

(5) 其他工作。

81. 为什么要设立缺陷产品召回技术机构？

由于汽车技术复杂，召回监管工作中还需要大量的技术工作作为支撑，技术工作贯穿于召回监管的各个环节中，具体技术工作包括投诉信息的收集、备案信息的管理、投诉和备案信息分析和处理、缺陷调查核实与技术分析、风险评估、检测与鉴定、召回措施有效性的分析、召回效果评估等，这些工作需要专业的技术机构才能完成，为行政部门的监管提供必要的技术支持。从美国、日本等汽车工业发达国家的经验来看，这样的技术机构为监管部门更好地履行缺陷汽车产品召回监督管理工作提供必不可少的技术支撑和辅助作用。为此，需要建立起权威的国家缺陷产品召回技术机构。

82. 缺陷产品召回技术机构的主要职责和工作范围是什么？

国家质检总局缺陷产品管理中心，作为我国的缺陷产品召回管理技术支持机构，承担缺陷汽车产品召回的具体技术工作，开展技术性、辅助性和服务性工作，业务上接受国家质检总局的指导和委托。其主要职责及工作范围包括：

(1) 技术性业务工作

——缺陷产品信息采集、分析与处理；

——备案信息的管理；

——缺陷技术检测与分析建议；

——生产者召回报告技术评估；

——召回过程监测；

——召回措施有效性的分析与召回效果技术评估。

(2) 技术保障工作

——专项信息及专家、检测机构等资源库建立与维护；

——信息系统建设与维护；

——缺陷工程分析实验室建设与运行；

——车辆事故深度调查体系建设与运行；

——产品伤害监测体系建设与运行。

(3) 缺陷产品召回关键技术研究

——缺陷产品管理制度研究；

——标准化研究；

——汽车产品召回关键技术研究。

(4) 技术交流与宣传教育

——组织开展产品安全和召回管理技术培训；

——组织开展国内外专业技术交流；

——组织开展消费者产品安全普及教育等。

83. 国家质检总局设立的技术机构与检测机构是什么关系？

根据国家质检总局设立缺陷产品召回管理技术机构的目的及赋予其的职责任务，与检测机构相比，其目标不同，任务不同。从缺陷产品召回全过程上看，缺陷产品召回管理技术机构重点在缺陷产品信息的采集分析、缺陷调查、召回报告技术评估、召回过程监测、专项制度与标准化研究等诸多方面发挥着重要的技术支持作用，而检测工作仅是其中的重要环节之一。

检测工作是一项非常专项的技术工作，涉及材料、工程、环境、设备、条件等众多专业与精准化、标准化技术水平，如仅围绕任何一个部件，都可以进行单元测试、功能测试、性能测试、可恢复性测试、并发测试、安全测试、安装配置测试、可移植性测试等多种测试方法，都有更多复杂、精密的、专业的设备与环境为支撑，因此，检测机构是缺陷产品召回管理技术不可替代的，更是缺陷产品召回进行测试鉴定技术的重要支撑。

在实践过程中，缺陷产品召回管理技术机构可以联合国家设立批准的各类检测机构共同开展更为全面、更为精准、更为细致的产品缺陷检测与鉴定。以确保检测与鉴定结果准确、可靠、可信，真正做到对消费者负责、对生产者负责、对政府负责。

84. 对可能存在缺陷的汽车产品进行质量检测通常采用哪些方法？

检测是指用指定的方法检验测试某种物体（气体、液体、固体）指定的技术性能指标，是一个系列完整的操作过程。检测通常包括预处理、初始检测、条件试验、恢复和最后检测。也适用于各种行业范畴的产品质量评定，其检测结果往往以文字报告的形式表现。

产品质量检测报告不仅是实施消费品安全监管的重要依据，也是追溯消费品安全事件原因的重要依据。从客观上讲，检测报告的科学性、公正性、准确性，关乎国计民生，不容有丝毫的轻忽。

产品质量检测作为鉴定产品质量是否达到标准、是否存在缺陷、安全功能是否完备的重要技术手段，需要依据检测理论通过感官法、量测法、理化（工程）试验法、无损检测法、局部破损检测法、资料分析法等方法对产品进行检测。

缺陷汽车产品的质量检测通常采用的方法包括：

（1）感官法：以设计规范和检验标准为依据，凭借感官进行检查。如对标识缺陷的识别。

（2）正常量测法：指利用测量工具或计量仪表，通过汽车产品标准工作状况下的测量结果与规定的质量标准或规范的要求相对照，从而判断汽车产品质量是否符合要求。

(3) 理化极限(工程)试验法:通过进行现场试验或试验室试验等物理、化学试验、力学测试手段,或是极限条件下的仿真模拟,取得数据,分析判断质量情况。

(4) 无损检测法:借助专门的仪器设备在不损伤被检测物的情况下,探测汽车产品相关部件结构内部的组织特征或直接测定其表面参数来推定汽车产品可造成的损伤。

(5) 局部破损检测法:利用仪器设备对汽车产品的部件或进行局部损伤试验,根据局部损伤试验获取的数据,来推定汽车产品可能造成的损伤状态。

(6) 资料分析法:通过对有关资料和信息统计分析,间接对汽车产品进行质量判定。

85. 我国目前具有资质对缺陷汽车产品检测或实验的机构有哪些?

目前,我国具有资质的对缺陷汽车产品检测或实验机构如下表,将来还会根据工作需要进行增减:

序号	机构名称	单位地址	检测项目
1	国家汽车质量监督检验中心(长春)/长春汽车检测中心	长春市创业大街35号	汽车及其零部件
2	国家机动车产品质量监督检验中心(上海)	上海市安亭镇于田南路68号	汽车、发动机及零部件。机动车整车及零件的检测、机动车与摩托车灯具检测、材料理化性能试验、零件几何量精密测量、摩托车整车、发动机及零部件检测、计量器具的 校准或检定、车载电子系统及产品检测、电磁兼容性能检测
3	国家轿车质量监督检验中心/天津汽车检测中心	天津市程林庄道天山路口	

续表

序号	机构名称	单位地址	检测项目
4	国家客车质量监督检验中心/重庆中交机动车检测中心	重庆市南岸区五公里	检测类别分为客车、汽车、专用汽车、摩托车、发动机及零部件
5	国家重型汽车质量监督检验中心/重庆汽车检测中心	重庆市陈家坪朝田村101号	汽车整车,摩托车整车,发动机及其附件。汽车、摩托车零部件等检测能力92大项
6	国家汽车质量监督检验中心(襄樊)/襄樊达安汽车检测中心	湖北省襄樊市汽车产业开发区汽车试验场	汽车、摩托车、农用运输车等77大类产品的检测。汽车、发动机、摩托车、灯具、各种开关
7	国家安全玻璃及石英玻璃质量监督检验中心	北京朝阳区管庄东里1号	
8	机械工业部工程机械军用改装车试验场/国家工程机械质量监督检验中心	北京市延庆县东外大街70号	筑路、建筑、运输大型车辆、叉车、起重机、移动式折梯等
9	中国北方车辆研究所汽车产品检测所	北京市969信箱25号[100072]	汽车整车,发动机,车辆防护,变速箱,蓄电池,传动轴等零部件
10	北京橡胶工业研究设计院轮胎实验室/国家橡胶轮胎质量监督检验中心	北京市海淀区阜石路甲19号[100039]	汽车轮胎
11	青岛市产品质量监督检验所	青岛市李山东路西	橡胶轮胎
12	济南汽车检测中心/济南汽车质量监督检验鉴定试验所	济南英雄山路165号	载货汽车及柴油发动机
13	山西省产品质量监督检验所	太原市长治路222号[030012]	汽车配件
14	福建省中心检测所	福建省福州市杨桥西路山头角121号[350002]	汽车基本性能,安全环保,整车装配调整和外观质量

续表

序号	机构名称	单位地址	检测项目
15	四川省产品质量监督检验检测院	四川成都东门街2号[610031]	整车和部分配件检测
16	浙江方圆检测集团股份有限公司	杭州市天目山路222号[310013]	客车、机动车性能试验、汽车零部件
17	海南汽车试验研究所	湖南省琼海市加积镇[571400]	汽车性能及可靠性,汽车用橡胶件、塑料件、油漆件及耐候性试验
18	厦门市产品质量检验所	厦门市湖滨路78号[361004]	机动车运行安全检测
19	南京汽车质量监督检验鉴定试验所/跃进汽车集团公司汽车研究所	南京市中央门外红山路128号[210028]	汽车整车,零部件总成,发动机排放,金属材料防腐及油漆层等性能检测
20	河北省机械产品质量监督检验总站/河北省汽车摩托车监督检验站	石家庄市合作路81号[050051]	汽车及零部件
21	清华大学汽车安全与节能国家重点实验室汽车碰撞试验室	北京市海淀区中关村清华园1号[100084]	汽车碰撞
22	吉林大学车辆产品检测实验室	吉林省长春市人民大街5988号[130022]	汽车整车基本参数,汽车底盘、总成、零部件,农用运输车等
23	广西壮族自治区汽车拖拉机研究所	广西柳州市河西路18号[545007]	部分汽车参数检测
24	公安部交通管理科学研究院所交通安全产品质量监督检测中心	江苏无锡钱荣撸88号	汽车制动性能、灯光性能测试
25	交通部公路科学研究所公路交通实验中心	北京市海淀区西土城路8号	汽车及发动机、挂车等性能参数测试

续表

序号	机构名称	单位地址	检测项目
26	云南省交通科学所汽车产品及维修质量检验实验室	云南省昆明市拓东路石家巷9号	汽车及发动机；专用汽车整车；燃油、润滑油及添加剂
27	中汽协车轮质量监督检验中心/机械工业车轮产品质量监督检测中心	山东秦皇岛市开发区嫩江西道1号	车轮方面

86. 缺陷汽车产品召回监管工作涉及到生产者和经营者的商业秘密包括哪些？

缺陷汽车产品召回监管工作涉及到生产者和经营者的商业秘密主要包括：

（1）在缺陷汽车产品缺陷检验、调查过程中直接接触到的与汽车产品生产者设计、制造、实验、材料等技术和经营等相关商业信息。该类信息可能直接关系到企业的竞争力。

（2）缺陷汽车产品召回工作中，销售商、租赁商、修理商和车主提交的汽车产品缺陷报告中包含的销售、修理、更换、退货、车主等相关信息。这些信息包含有一些车主身份证件号码、电话、地址等个人信息，一旦泄露，可能对个人造成不良影响。

87. 产品质量主管部门将如何处理政府信息公开与企业商业秘密、个人信息保护之间的关系？

《中华人民共和国政府信息公开条例》第二条明确规定：政府信息，是指行政机关在履行职责过程中制作或者获取的，以一定形式记录、保存的信息。根据此定义，产品质量监管部门和有关部门、机构及其工作人员在履行《条例》规定的职责时将获悉一定的商业秘密和个人信息，均属政府信息。

这些政府信息是否公开，《中华人民共和国政府信息公开条例》第十七条规定：行政机关制作的政府信息，由制作该政府信息的行政机关负责公开；行政机关从公民、法人或者其他组织获取的政府信息，由保存该政府信息的行政机关负责公开。法律、法规对政府信息公开的权限另有规定的，从其规定。

行政机关不得公开的信息包括：

——根据《中华人民共和国保守国家秘密法》及其实施办法被确定为国家秘密的；

——行政机关发布政府信息依照法律、行政法规和国家有关规定需要批准而未批准的；

——有关主管部门或者同级保密工作部门确定为不可以公开的；

——涉及商业秘密、个人隐私的，但权利人同意公开或者不公开可能对公共利益造成重大影响的除外；

——公开后可能危及国家安全、公共安全、经济安全和社会稳定的；

——根据其他法律、法规的明确规定不予公开的。

为此，《条例》对商业秘密和个人信息保护的要求：产品质量监管部门和有关部门、机构及其工作人员在实施缺陷汽车产品召回监管过程中，对履行本条例规定职责所知悉的商业秘密和个人信息，不得泄露。

88. 何种行为属于泄露商业秘密和个人信息？

《条例》所称“泄露”，是指产品质量监管部门和有关部门、机构及其工作人员未经主管部门批准，或生产者或经营者的同意，将履行《条例》规定职责所知悉的商业秘密和个人信息用于召回监督管理以外的其他用途。

泄露的方式包括将商业秘密和个人信息以书面、口头、短信或其他任何形式告知非召回监督管理的机构或个人，或将相关材料交给材料保密范围之外、或与无关的人员阅看，或并被用于非召回监督管理的任何其他用途。

89. 国务院产品质量监督部门主要通过哪些措施实施汽车产品的缺陷调查？

缺陷调查是针对产品是否存在设计缺陷、制造缺陷和标识缺陷

的可能性所进行的深入实际收集原始材料、寻求真实答案的科学活动。

缺陷调查的概念是针对产品质量监督部门而言的。也就是说，缺陷调查的实施主体是产品质量监督部门。

实施汽车产品的缺陷调查，主要措施有以下几种：

——进入生产者、经营者的生产经营场所进行现场调查；

——查阅、复制相关资料和记录相关信息；

——向相关单位和个人了解汽车产品可能存在缺陷的情况。

90. 产品质量监督部门一般通过哪些渠道发现缺陷汽车产品的线索？

国务院产品质量监督部门一般主要通过如下渠道发现缺陷汽车产品的线索：

——消费者投诉；

——网络舆情监测信息；

——国外缺陷汽车产品召回；

——车辆事故调查；

——产品伤害信息调查；

——生产者的备案信息；

——其他信息。

91. 产品质量监督部门发现汽车产品可能存在缺陷，会采取哪些措施？

如果发现汽车产品可能存在缺陷，国务院产品质量监督部门将会立即通过正式文书通知生产者，要求生产者开展调查分析。

当出现以下两种情况之一，国务院产品质量监督部门将会直接开展缺陷调查：

——生产者未按照通知开展调查分析，包括没有在通知要求的期限内开展调查分析或者提交调查分析结果；调查分析的内容和方法等不符合通知要求；

——国务院产品质量监督部门认为汽车产品可能存在会造成严

重后果的缺陷。如这种缺陷可能导致严重的人身伤害或者财产损失、影响范围大、风险发生几率高或者社会风险很高。

92. 产品质量监督部门开展缺陷调查时的权力和义务都有哪些？

汽车产品缺陷调查是一项复杂的、细致的、技术性强的专业工作。在我国产品质量监督部门与企业之间存在着严重的信息不对称情况下，更需要深入实际、深入现场来调查获取原始信息和初始凭据。为确保缺陷调查的顺利实施，《条例》赋予了必要法律支撑：

国务院产品质量监督部门开展缺陷调查，可以进入生产者、经营者的生产经营场所进行现场调查，为了确保缺陷调查的顺利进行，必需赋予国务院产品质量监督部门及相关工作人员进入这些场所进行现场调查的权力。国务院产品质量监督部门及相关工作人员有权查阅、复制相关资料和记录相关信息。国务院产品质量监督部门及相关工作人员向相关单位和个人了解汽车产品可能存在缺陷的情况。有时还可能向生产企业或维修企业的相关人员、有关投诉的单位和人员以及其他与缺陷调查有关的单位和个人了解汽车产品生产、使用、维修等方面的信息。

同时，为了确保生产企业、修理企业等经营者的合法权益，防止监管部门工作人员滥用职权，违法使用企业的资料、产品和专用设备。《条例》也明确规定，国务院产品质量监督部门不得将生产者、经营者提供的资料、产品和专用设备用于缺陷调查所需的技术检测和鉴定以外的其他目的和用途。

93. 生产者对缺陷调查结果提出异议，产品质量监督部门将采取什么措施？

国务院产品质量监督部门按照《条例》规定开展缺陷调查后，会将缺陷调查的结果告知生产者，并确认其产品是否存在缺陷及是否需要进行召回。如果认为汽车产品存在缺陷，将先通知生产者，并要求生产者实施召回。

如果生产者对缺陷调查结果存在异议，或不认为汽车产品存在缺

陷，或者对缺陷范围、危险程度等存在异议，并在规定的时限内提交了异议申请书和提交了汽车产品不存在缺陷的证明材料，国家产品质量监督部门将组织专家对生产者提供的证明材料进行论证，必要时可以委托有资质的检测或实验机构对相关产品的质量问题进行检测或者鉴定。根据检测和鉴定结果仍然确认存在缺陷的，国家产品质量监督部门将责令汽车产品生产者实施召回。

94. 组织专家认定汽车产品是否存在缺陷的技术认定建议主要包括哪些内容？

国务院产品质量监督部门组织专家认定汽车产品是否存在缺陷，其专家委员会应形成缺陷汽车产品认定建议，主要内容一般包括：

——缺陷汽车产品调查、认定过程的说明；

——缺陷汽车产品存在不符合与安全有关的强制性标准或者产品存在设计、制造或标识缺陷的情况；

——缺陷产品造成危害的形势和危害的严重程度；

——不同意见记录；

——认定或鉴定日期；

——专家签字。

95. 产品质量监督部门对生产者制定的召回计划有什么要求？

汽车生产者应当制定出详细可行的召回计划，召回计划必须确保在最短的时间内消除缺陷，如果由于零配件供应的原因，召回不能马上实施，生产者必须在召回计划中明确说明供应时间安排以及通知车主应急处置方法。生产者制定的召回计划必须向国家产品质量监督部门进行备案，且备案后，将成为具有法律效力的文书，并作为产品质量监督部门实施监督管理的依据。

在生产者备案召回计划后，必须按照召回计划实施召回。如果在召回实施过程中，发现召回计划中有需要改动的内容时，或者无法按照预定的召回时间完成预定的召回率时，允许修改。但应将修改后的召回计划重新向国家产品质量监督部门备案。

96. 产品质量监督部门如何组织评估生产者消除缺陷的效果？

对召回实施效果进行评估是产品质量监督部门实现缺陷汽车产品召回过程监督的重要环节。对产品质量监督部门组织评估生产者消除缺陷的效果的主要要求是：

(1) 建立评价指标体系。

重点评估两个方面："召回完成比例"和"消除缺陷措施的有效性"。

——"召回完成比例"是用已经召回的车辆数量除以总召回数量所得到的百分比；

——"消除缺陷措施的有效性"主要是要看维修措施是否能够彻底修复故障，消除安全隐患，不能仅仅是暂时解决问题或掩盖问题，更不能因为召回维修给车辆带来其他问题甚至贬值。

(2) 建立评估组织。

组织无利害关系的专家参与评估工作。

——"与生产者无利害关系"主要是指：不是生产者的股东或雇员；不是与生产者有共同利益或者竞争关系企业的雇员；与生产者无合同关系等。

97. 从事缺陷汽车产品召回监督管理工作的人员主要包括哪些？

从事缺陷汽车产品召回监督管理工作的人员主要包括：

(1) 与缺陷汽车产品召回监督管理相关的政府部门工作人员，包括受委托负责或参与缺陷汽车产品召回监督管理部分工作的各级产品质量监督部门、进出口商品检验机构的有关人员；

(2) 缺陷产品召回技术机构的工作人员；

(3) 参与缺陷产品召回工作的相关专家；

(4) 其他对缺陷汽车产品召回监督管理提供技术支持和服务的工作人员。

98. 从事缺陷汽车产品召回监督管理工作的人员违反《条例》规定的哪些行为可能面临处罚？他们将会承担的法律后果是什么？

从事缺陷汽车产品召回监督管理工作的人员违反《条例》的规定，有下列行为之一的，将可能面临处罚：

(1) 将生产者、经营者提供的资料、产品和专用设备用于缺陷调查所需的技术检测和鉴定以外的用途；

(2) 泄露当事人商业秘密或者个人信息；

(3) 有其他玩忽职守、徇私舞弊、滥用职权行为的；

(4) 构成犯罪的，依法追究刑事责任。

从事缺陷汽车产品召回监督管理工作人员违反本条例规定将可能承担行政纪律责任及刑事责任。

行政纪律责任

从事缺陷汽车产品召回监督管理相关工作人员违反《条例》规定，根据《中华人民共和国行政监察法》及其实施条例、《中华人民共和国公务员法》和《行政机关公务员处分条例》等法规制度，将依法受到纪律处分。根据其违规程度不同，可分为警告、记过、记大过、降级、撤职、开除共六种行政处分等级。行政处分属于内部行政行为，由行政主体基于行政隶属关系依法作出，它具有强烈的约束力，行政主体可以强制执行。被处分人对处分决定不服的，可以申请复核或者申诉。复核、申诉期间不停止处分的执行。被处分人不因提出复核、申诉而被加重处分。根据《行政机关公务员处分条例》，对法律法规授权的具有公共事务管理职能的事业单位中经批准参照《中华人民共和国公务员法》管理的工作人员，其处罚将参照《条例》的有关规定办理。

刑事责任

从事缺陷汽车产品召回监督管理相关工作人员违反《条例》规定，构成犯罪的，将依法追究刑事责任。如：

——出售、非法提供公民个人信息罪。产品质量监督部门和有关部门、机构及其工作人员泄露所知悉的商业秘密和个人信息的，可能构成《刑法》第二百五十三条规定之罪，即国家机关或者金融、电信、交通、教育、医疗等单位的工作人员，违反国家规定，将本单位在履行职责或者提供服务过程中获得的公民个人信息，出售或者非法提供给他人，情节严重的，处三年以下有期徒刑或者拘役，并处或者单处罚金。

——滥用职权罪、玩忽职守罪、徇私枉法罪。从事缺陷汽车产品召回监督管理工作的人员有滥用职权、玩忽职守、徇私舞弊行为的，可能构成《刑法》第三百九十七条规定的国家机关工作人员徇滥用职权罪、玩忽职守罪、徇私枉法罪。即：国家机关工作人员滥用职权或者玩忽职守，致使公共财产、国家和人民利益遭受重大损失的，处三年以下有期徒刑或者拘役；情节特别严重的，处三年以上七年以下有期徒刑。本法另有规定的，依照规定。国家机关工作人员徇私舞弊，犯前款罪的，处五年以下有期徒刑或者拘役；情节特别严重的，处五年以上十年以下有期徒刑。本法另有规定的，依照规定。

——放纵制售伪劣商品犯罪行为罪。《刑法》第四百一十四条规定：对生产、销售伪劣商品犯罪行为负有追究责任的国家机关工作人员，徇私舞弊，不履行法律规定的追究职责，情节严重的，处五年以下有期徒刑或者拘役。

99. 履行《条例》的责任追究主体机构主要是哪个部门？

履行本条例责任追究的主体机构是国家产品质量监督管理部门及汽车产品召回监督管理相关政府部门。

国家设立的监察机构根据国家相关法规，也可对违反《条例》的责任人或涉及犯罪的当事人追究行政及刑事责任。

附　　录

附录A　缺陷汽车产品召回管理条例

中华人民共和国国务院令

第626号

《缺陷汽车产品召回管理条例》已经2012年10月10日国务院第219次常务会议通过，现予公布，自2013年1月1日起施行。

总理　温家宝

2012年10月22日

缺陷汽车产品召回管理条例

第一条　为了规范缺陷汽车产品召回，加强监督管理，保障人身、财产安全，制定本条例。

第二条　在中国境内生产、销售的汽车和汽车挂车（以下统称汽车产品）的召回及其监督管理，适用本条例。

第三条　本条例所称缺陷，是指由于设计、制造、标识等原因导致的在同一批次、型号或者类别的汽车产品中普遍存在的不符合保障人身、财产安全的国家标准、行业标准的情形或者其他危及人身、财产安全的不合理的危险。

本条例所称召回，是指汽车产品生产者对其已售出的汽车产品采取措施消除缺陷的活动。

第四条　国务院产品质量监督部门负责全国缺陷汽车产品召回的监督管理工作。

国务院有关部门在各自职责范围内负责缺陷汽车产品召回的相关监督管理工作。

第五条 国务院产品质量监督部门根据工作需要，可以委托省、自治区、直辖市人民政府产品质量监督部门、进出口商品检验机构负责缺陷汽车产品召回监督管理的部分工作。

国务院产品质量监督部门缺陷产品召回技术机构按照国务院产品质量监督部门的规定，承担缺陷汽车产品召回的具体技术工作。

第六条 任何单位和个人有权向产品质量监督部门投诉汽车产品可能存在的缺陷，国务院产品质量监督部门应当以便于公众知晓的方式向社会公布受理投诉的电话、电子邮箱和通信地址。

国务院产品质量监督部门应当建立缺陷汽车产品召回信息管理系统，收集汇总、分析处理有关缺陷汽车产品信息。

产品质量监督部门、汽车产品主管部门、商务主管部门、海关、公安机关交通管理部门、交通运输主管部门、工商行政管理部门等有关部门应当建立汽车产品的生产、销售、进口、登记检验、维修、消费者投诉、召回等信息的共享机制。

第七条 产品质量监督部门和有关部门、机构及其工作人员对履行本条例规定职责所知悉的商业秘密和个人信息，不得泄露。

第八条 对缺陷汽车产品，生产者应当依照本条例全部召回；生产者未实施召回的，国务院产品质量监督部门应当依照本条例责令其召回。

本条例所称生产者，是指在中国境内依法设立的生产汽车产品并以其名义颁发产品合格证的企业。

从中国境外进口汽车产品到境内销售的企业，视为前款所称的生产者。

第九条 生产者应当建立并保存汽车产品设计、制造、标识、检验等方面的信息记录以及汽车产品初次销售的车主信息记录，保存期不得少于 10 年。

第十条 生产者应当将下列信息报国务院产品质量监督部门备案：

(一)生产者基本信息;

(二)汽车产品技术参数和汽车产品初次销售的车主信息;

(三)因汽车产品存在危及人身、财产安全的故障而发生修理、更换、退货的信息;

(四)汽车产品在中国境外实施召回的信息;

(五)国务院产品质量监督部门要求备案的其他信息。

第十一条 销售、租赁、维修汽车产品的经营者(以下统称经营者)应当按照国务院产品质量监督部门的规定建立并保存汽车产品相关信息记录,保存期不得少于5年。

经营者获知汽车产品存在缺陷的,应当立即停止销售、租赁、使用缺陷汽车产品,并协助生产者实施召回。

经营者应当向国务院产品质量监督部门报告和向生产者通报所获知的汽车产品可能存在缺陷的相关信息。

第十二条 生产者获知汽车产品可能存在缺陷的,应当立即组织调查分析,并如实向国务院产品质量监督部门报告调查分析结果。

生产者确认汽车产品存在缺陷的,应当立即停止生产、销售、进口缺陷汽车产品,并实施召回。

第十三条 国务院产品质量监督部门获知汽车产品可能存在缺陷的,应当立即通知生产者开展调查分析;生产者未按照通知开展调查分析的,国务院产品质量监督部门应当开展缺陷调查。

国务院产品质量监督部门认为汽车产品可能存在会造成严重后果的缺陷的,可以直接开展缺陷调查。

第十四条 国务院产品质量监督部门开展缺陷调查,可以进入生产者、经营者的生产经营场所进行现场调查,查阅、复制相关资料和记录,向相关单位和个人了解汽车产品可能存在缺陷的情况。

生产者应当配合缺陷调查,提供调查需要的有关资料、产品和专用设备。经营者应当配合缺陷调查,提供调查需要的有关资料。

国务院产品质量监督部门不得将生产者、经营者提供的资料、产品和专用设备用于缺陷调查所需的技术检测和鉴定以外的用途。

第十五条 国务院产品质量监督部门调查认为汽车产品存在缺

陷的，应当通知生产者实施召回。

生产者认为其汽车产品不存在缺陷的，可以自收到通知之日起 15 个工作日内向国务院产品质量监督部门提出异议，并提供证明材料。国务院产品质量监督部门应当组织与生产者无利害关系的专家对证明材料进行论证，必要时对汽车产品进行技术检测或者鉴定。

生产者既不按照通知实施召回又不在本条第二款规定期限内提出异议的，或者经国务院产品质量监督部门依照本条第二款规定组织论证、技术检测、鉴定确认汽车产品存在缺陷的，国务院产品质量监督部门应当责令生产者实施召回；生产者应当立即停止生产、销售、进口缺陷汽车产品，并实施召回。

第十六条 生产者实施召回，应当按照国务院产品质量监督部门的规定制定召回计划，并报国务院产品质量监督部门备案。修改已备案的召回计划应当重新备案。

生产者应当按照召回计划实施召回。

第十七条 生产者应当将报国务院产品质量监督部门备案的召回计划同时通报销售者，销售者应当停止销售缺陷汽车产品。

第十八条 生产者实施召回，应当以便于公众知晓的方式发布信息，告知车主汽车产品存在的缺陷、避免损害发生的应急处置方法和生产者消除缺陷的措施等事项。

国务院产品质量监督部门应当及时向社会公布已经确认的缺陷汽车产品信息以及生产者实施召回的相关信息。

车主应当配合生产者实施召回。

第十九条 对实施召回的缺陷汽车产品，生产者应当及时采取修正或者补充标识、修理、更换、退货等措施消除缺陷。

生产者应当承担消除缺陷的费用和必要的运送缺陷汽车产品的费用。

第二十条 生产者应当按照国务院产品质量监督部门的规定提交召回阶段性报告和召回总结报告。

第二十一条 国务院产品质量监督部门应当对召回实施情况进行监督，并组织与生产者无利害关系的专家对生产者消除缺陷的效果进行评估。

第二十二条　生产者违反本条例规定，有下列情形之一的，由产品质量监督部门责令改正；拒不改正的，处5万元以上20万元以下的罚款：

（一）未按照规定保存有关汽车产品、车主的信息记录；

（二）未按照规定备案有关信息、召回计划；

（三）未按照规定提交有关召回报告。

第二十三条　违反本条例规定，有下列情形之一的，由产品质量监督部门责令改正；拒不改正的，处50万元以上100万元以下的罚款；有违法所得的，并处没收违法所得；情节严重的，由许可机关吊销有关许可：

（一）生产者、经营者不配合产品质量监督部门缺陷调查；

（二）生产者未按照已备案的召回计划实施召回；

（三）生产者未将召回计划通报销售者。

第二十四条　生产者违反本条例规定，有下列情形之一的，由产品质量监督部门责令改正，处缺陷汽车产品货值金额1%以上10%以下的罚款；有违法所得的，并处没收违法所得；情节严重的，由许可机关吊销有关许可：

（一）未停止生产、销售或者进口缺陷汽车产品；

（二）隐瞒缺陷情况；

（三）经责令召回拒不召回。

第二十五条　违反本条例规定，从事缺陷汽车产品召回监督管理工作的人员有下列行为之一的，依法给予处分：

（一）将生产者、经营者提供的资料、产品和专用设备用于缺陷调查所需的技术检测和鉴定以外的用途；

（二）泄露当事人商业秘密或者个人信息；

（三）其他玩忽职守、徇私舞弊、滥用职权行为。

第二十六条　违反本条例规定，构成犯罪的，依法追究刑事责任。

第二十七条　汽车产品出厂时未随车装备的轮胎存在缺陷的，由轮胎的生产者负责召回。具体办法由国务院产品质量监督部门参照本条例制定。

第二十八条 生产者依照本条例召回缺陷汽车产品，不免除其依法应当承担的责任。

汽车产品存在本条例规定的缺陷以外的质量问题的，车主有权依照产品质量法、消费者权益保护法等法律、行政法规和国家有关规定以及合同约定，要求生产者、销售者承担修理、更换、退货、赔偿损失等相应的法律责任。

第二十九条 本条例自2013年1月1日起施行。

附录B　家用汽车产品修理、更换、退货责任规定

国家质量监督检验检疫总局令

第150号

《家用汽车产品修理、更换、退货责任规定》已经2012年6月27日国家质量监督检验检疫总局局务会议审议通过。现予公布，自2013年10月1日起施行。

局长　支树平

2012年12月29日

家用汽车产品修理、更换、退货责任规定

第一章　总　　则

第一条　为了保护家用汽车产品消费者的合法权益，明确家用汽车产品修理、更换、退货(以下简称三包)责任，根据有关法律法规，制定本规定。

第二条　在中华人民共和国境内生产、销售的家用汽车产品的三包，适用本规定。

第三条　本规定是家用汽车产品三包责任的基本要求。鼓励家用汽车产品经营者做出更有利于维护消费者合法权益的严于本规定的三包责任承诺；承诺一经作出，应当依法履行。

第四条　本规定所称三包责任由销售者依法承担。销售者依照规定承担三包责任后，属于生产者的责任或者属于其他经营者的责任，

销售者有权向生产者、其他经营者追偿。

家用汽车产品经营者之间可以订立合同约定三包责任的承担，但不得侵害消费者的合法权益，不得免除本规定所规定的三包责任和质量义务。

第五条 家用汽车产品消费者、经营者行使权利、履行义务或承担责任，应当遵循诚实信用原则，不得恶意欺诈。

家用汽车产品经营者不得故意拖延或者无正当理由拒绝消费者提出的符合本规定的三包责任要求。

第六条 国家质量监督检验检疫总局（以下简称国家质检总局）负责本规定实施的协调指导和监督管理；组织建立家用汽车产品三包信息公开制度，并可以依法委托相关机构建立家用汽车产品三包信息系统，承担有关信息管理等工作。

地方各级质量技术监督部门负责本行政区域内本规定实施的协调指导和监督管理。

第七条 各有关部门、机构及其工作人员对履行规定职责所知悉的商业秘密和个人信息依法负有保密义务。

第二章 生产者义务

第八条 生产者应当严格执行出厂检验制度；未经检验合格的家用汽车产品，不得出厂销售。

第九条 生产者应当向国家质检总局备案生产者基本信息、车型信息、约定的销售和修理网点资料、产品使用说明书、三包凭证、维修保养手册、三包责任争议处理和退换车信息等家用汽车产品三包有关信息，并在信息发生变化时及时更新备案。

第十条 家用汽车产品应当具有中文的产品合格证或相关证明以及产品使用说明书、三包凭证、维修保养手册等随车文件。

产品使用说明书应当符合消费品使用说明等国家标准规定的要求。家用汽车产品所具有的使用性能、安全性能在相关标准中没有规定的，其性能指标、工作条件、工作环境等要求应当在产品使用说明书中明示。

三包凭证应当包括以下内容：产品品牌、型号、车辆类型规格、车辆识别代号(VIN)、生产日期;生产者名称、地址、邮政编码、客服电话;销售者名称、地址、邮政编码、电话等销售网点资料、销售日期;修理者名称、地址、邮政编码、电话等修理网点资料或者相关查询方式;家用汽车产品三包条款、包修期和三包有效期以及按照规定要求应当明示的其他内容。

维修保养手册应当格式规范、内容实用。

随车提供工具、备件等物品的,应附有随车物品清单。

第三章　销售者义务

第十一条　销售者应当建立并执行进货检查验收制度,验明家用汽车产品合格证等相关证明和其他标识。

第十二条　销售者销售家用汽车产品,应当符合下列要求:

(一)向消费者交付合格的家用汽车产品以及发票;

(二)按照随车物品清单等随车文件向消费者交付随车工具、备件等物品;

(三)当面查验家用汽车产品的外观、内饰等现场可查验的质量状况;

(四)明示并交付产品使用说明书、三包凭证、维修保养手册等随车文件;

(五)明示家用汽车产品三包条款、包修期和三包有效期;

(六)明示由生产者约定的修理者名称、地址和联系电话等修理网点资料,但不得限制消费者在上述修理网点中自主选择修理者;

(七)在三包凭证上填写有关销售信息;

(八)提醒消费者阅读安全注意事项、按产品使用说明书的要求进行使用和维护保养。

对于进口家用汽车产品,销售者还应当明示并交付海关出具的货物进口证明和出入境检验检疫机构出具的进口机动车辆检验证明等资料。

第四章　修理者义务

第十三条　修理者应当建立并执行修理记录存档制度。书面修理记录应当一式两份，一份存档，一份提供给消费者。

修理记录内容应当包括送修时间、行驶里程、送修问题、检查结果、修理项目、更换的零部件名称和编号、材料费、工时和工时费、拖运费、提供备用车的信息或者交通费用补偿金额、交车时间、修理者和消费者签名或盖章等。

修理记录应当便于消费者查阅或复制。

第十四条　修理者应当保持修理所需要的零部件的合理储备，确保修理工作的正常进行，避免因缺少零部件而延误修理时间。

第十五条　用于家用汽车产品修理的零部件应当是生产者提供或者认可的合格零部件，且其质量不低于家用汽车产品生产装配线上的产品。

第十六条　在家用汽车产品包修期和三包有效期内，家用汽车产品出现产品质量问题或严重安全性能故障而不能安全行驶或者无法行驶的，应当提供电话咨询修理服务；电话咨询服务无法解决的，应当开展现场修理服务，并承担合理的车辆拖运费。

第五章　三包责任

第十七条　家用汽车产品包修期限不低于 3 年或者行驶里程 60,000 公里，以先到者为准；家用汽车产品三包有效期限不低于 2 年或者行驶里程 50,000 公里，以先到者为准。家用汽车产品包修期和三包有效期自销售者开具购车发票之日起计算。

第十八条　在家用汽车产品包修期内，家用汽车产品出现产品质量问题，消费者凭三包凭证由修理者免费修理（包括工时费和材料费）。

家用汽车产品自销售者开具购车发票之日起 60 日内或者行驶里程 3 000 公里之内（以先到者为准），发动机、变速器的主要零件出现产品质量问题的，消费者可以选择免费更换发动机、变速器。发动机、变速器的主要零件的种类范围由生产者明示在三包凭证上，其种类范围应当符合国家相关标准或规定，具体要求由国家质检总局另行规定。

家用汽车产品的易损耗零部件在其质量保证期内出现产品质量问题的，消费者可以选择免费更换易损耗零部件。易损耗零部件的种类范围及其质量保证期由生产者明示在三包凭证上。生产者明示的易损耗零部件的种类范围应当符合国家相关标准或规定，具体要求由国家质检总局另行规定。

第十九条　在家用汽车产品包修期内，因产品质量问题每次修理时间（包括等待修理备用件时间）超过 5 日的，应当为消费者提供备用车，或者给予合理的交通费用补偿。

修理时间自消费者与修理者确定修理之时起，至完成修理之时止。一次修理占用时间不足 24 小时的，以 1 日计。

第二十条　在家用汽车产品三包有效期内，符合本规定更换、退货条件的，消费者凭三包凭证、购车发票等由销售者更换、退货。

家用汽车产品自销售者开具购车发票之日起 60 日内或者行驶里程 3 000 公里之内（以先到者为准），家用汽车产品出现转向系统失效、制动系统失效、车身开裂或燃油泄漏，消费者选择更换家用汽车产品或退货的，销售者应当负责免费更换或退货。

在家用汽车产品三包有效期内，发生下列情况之一，消费者选择更换或退货的，销售者应当负责更换或退货：

（一）因严重安全性能故障累计进行了 2 次修理，严重安全性能故障仍未排除或者又出现新的严重安全性能故障的；

（二）发动机、变速器累计更换 2 次后，或者发动机、变速器的同一主要零件因其质量问题，累计更换 2 次后，仍不能正常使用的，发动机、变速器与其主要零件更换次数不重复计算；

（三）转向系统、制动系统、悬架系统、前/后桥、车身的同一主要零件因其质量问题，累计更换 2 次后，仍不能正常使用的；转向系统、制动系统、悬架系统、前/后桥、车身的主要零件由生产者明示在三包凭证上，其种类范围应当符合国家相关标准或规定，具体要求由国家质检总局另行规定。

第二十一条　在家用汽车产品三包有效期内，因产品质量问题修理时间累计超过 35 日的，或者因同一产品质量问题累计修理超过 5 次的，消费者可以凭三包凭证、购车发票，由销售者负责更换。

下列情形所占用的时间不计入前款规定的修理时间：

（一）需要根据车辆识别代号（VIN）等定制的防盗系统、全车线束

等特殊零部件的运输时间;特殊零部件的种类范围由生产者明示在三包凭证上;

(二)外出救援路途所占用的时间。

第二十二条 在家用汽车产品三包有效期内,符合更换条件的,销售者应当及时向消费者更换新的合格的同品牌同型号家用汽车产品;无同品牌同型号家用汽车产品更换的,销售者应当及时向消费者更换不低于原车配置的家用汽车产品。

第二十三条 在家用汽车产品三包有效期内,符合更换条件,销售者无同品牌同型号家用汽车产品,也无不低于原车配置的家用汽车产品向消费者更换的,消费者可以选择退货,销售者应当负责为消费者退货。

第二十四条 在家用汽车产品三包有效期内,符合更换条件的,销售者应当自消费者要求换货之日起 15 个工作日内向消费者出具更换家用汽车产品证明。

在家用汽车产品三包有效期内,符合退货条件的,销售者应当自消费者要求退货之日起 15 个工作日内向消费者出具退车证明,并负责为消费者按发票价格一次性退清货款。

家用汽车产品更换或退货的,应当按照有关法律法规规定办理车辆登记等相关手续。

第二十五条 按照本规定更换或者退货的,消费者应当支付因使用家用汽车产品所产生的合理使用补偿,销售者依照本规定应当免费更换、退货的除外。

合理使用补偿费用的计算公式为:[(车价款(元)×行驶里程(km))/1000]×n。使用补偿系数 n 由生产者根据家用汽车产品使用时间、使用状况等因素在 0.5%至 0.8%之间确定,并在三包凭证中明示。

家用汽车产品更换或者退货的,发生的税费按照国家有关规定执行。

第二十六条 在家用汽车产品三包有效期内,消费者书面要求更换、退货的,销售者应当自收到消费者书面要求更换、退货之日起 10 个工作日内,作出书面答复。逾期未答复或者未按本规定负责更换、退货的，视为故意拖延或者无正当理由拒绝。

第二十七条 消费者遗失家用汽车产品三包凭证的，销售者、生产者应当在接到消费者申请后10个工作日内予以补办。消费者向销售者、生产者申请补办三包凭证后，可以依照本规定继续享有相应权利。

按照本规定更换家用汽车产品后，销售者、生产者应当向消费者提供新的三包凭证，家用汽车产品包修期和三包有效期自更换之日起重新计算。

在家用汽车产品包修期和三包有效期内发生家用汽车产品所有权转移的，三包凭证应当随车转移，三包责任不因汽车所有权转移而改变。

第二十八条 经营者破产、合并、分立、变更的，其三包责任按照有关法律法规规定执行。

第六章 三包责任免除

第二十九条 易损耗零部件超出生产者明示的质量保证期出现产品质量问题的，经营者可以不承担本规定所规定的家用汽车产品三包责任。

第三十条 在家用汽车产品包修期和三包有效期内，存在下列情形之一的，经营者对所涉及产品质量问题，可以不承担本规定所规定的三包责任：

（一）消费者所购家用汽车产品已被书面告知存在瑕疵的；

（二）家用汽车产品用于出租或者其他营运目的的；

（三）使用说明书中明示不得改装、调整、拆卸，但消费者自行改装、调整、拆卸而造成损坏的；

（四）发生产品质量问题，消费者自行处置不当而造成损坏的；

（五）因消费者未按照使用说明书要求正确使用、维护、修理产品，而造成损坏的；

（六）因不可抗力造成损坏的。

第三十一条 在家用汽车产品包修期和三包有效期内，无有效发票和三包凭证的，经营者可以不承担本规定所规定的三包责任。

第七章　争议的处理

第三十二条　家用汽车产品三包责任发生争议的，消费者可以与经营者协商解决；可以依法向各级消费者权益保护组织等第三方社会中介机构请求调解解决；可以依法向质量技术监督部门等有关行政部门申诉进行处理。

家用汽车产品三包责任争议双方不愿通过协商、调解解决或者协商、调解无法达成一致的，可以根据协议申请仲裁，也可以依法向人民法院起诉。

第三十三条　经营者应当妥善处理消费者对家用汽车产品三包问题的咨询、查询和投诉。

经营者和消费者应积极配合质量技术监督部门等有关行政部门、有关机构等对家用汽车产品三包责任争议的处理。

第三十四条　省级以上质量技术监督部门可以组织建立家用汽车产品三包责任争议处理技术咨询人员库，为争议处理提供技术咨询；经争议双方同意，可以选择技术咨询人员参与争议处理，技术咨询人员咨询费用由双方协商解决。

经营者和消费者应当配合质量技术监督部门家用汽车产品三包责任争议处理技术咨询人员库建设，推荐技术咨询人员，提供必要的技术咨询。

第三十五条　质量技术监督部门处理家用汽车产品三包责任争议，按照产品质量申诉处理有关规定执行。

第三十六条　处理家用汽车产品三包责任争议，需要对相关产品进行检验和鉴定的，按照产品质量仲裁检验和产品质量鉴定有关规定执行。

第八章　罚　　则

第三十七条　违反本规定第九条规定的，予以警告，责令限期改正，处 1 万元以上 3 万元以下罚款。

第三十八条　违反本规定第十条规定，构成有关法律法规规定的违法行为的，依法予以处罚；未构成有关法律法规规定的违法行为的，予以警告，责令限期改正；情节严重的，处 1 万元以上 3 万元以下罚款。

第三十九条 违反本规定第十二条规定，构成有关法律法规规定的违法行为的，依法予以处罚；未构成有关法律法规规定的违法行为的，予以警告，责令限期改正；情节严重的，处 3 万元以下罚款。

第四十条 违反本规定第十三条、第十四条、第十五条或第十六条规定的，予以警告，责令限期改正；情节严重的，处 3 万元以下罚款。

第四十一条 未按本规定承担三包责任的，责令改正，并依法向社会公布。

第四十二条 本规定所规定的行政处罚，由县级以上质量技术监督部门等部门在职权范围内依法实施，并将违法行为记入质量信用档案。

第九章 附 则

第四十三条 本规定下列用语的含义：

家用汽车产品，是指消费者为生活消费需要而购买和使用的乘用车。

乘用车，是指相关国家标准规定的除专用乘用车之外的乘用车。

生产者，是指在中华人民共和国境内依法设立的生产家用汽车产品并以其名义颁发产品合格证的单位。从中华人民共和国境外进口家用汽车产品到境内销售的单位视同生产者。

销售者，是指以自己的名义向消费者直接销售、交付家用汽车产品并收取货款、开具发票的单位或者个人。

修理者，是指与生产者或销售者订立代理修理合同，依照约定为消费者提供家用汽车产品修理服务的单位或者个人。

经营者，包括生产者、销售者、向销售者提供产品的其他销售者、修理者等。

产品质量问题，是指家用汽车产品出现影响正常使用、无法正常使用或者产品质量与法规、标准、企业明示的质量状况不符合的情况。

严重安全性能故障，是指家用汽车产品存在危及人身、财产安全的产品质量问题，致使消费者无法安全使用家用汽车产品，包括出现安全装置不能起到应有的保护作用或者存在起火等危险情况。

第四十四条 按照本规定更换、退货的家用汽车产品再次销售的，应当经检验合格并明示该车是“三包换退车”以及更换、退货的原因。

“三包换退车”的三包责任按合同约定执行。

第四十五条 本规定涉及的有关信息系统以及信息公开和管理、生产者信息备案、三包责任争议处理技术咨询人员库管理等具体要求由国家质检总局另行规定。

第四十六条 有关法律、行政法规对家用汽车产品的修理、更换、退货等另有规定的，从其规定。

第四十七条 本规定由国家质量监督检验检疫总局负责解释。

第四十八条 本规定自 2013 年 10 月 1 日起施行。

附录C　我国汽车产品的主要国家标准和行业标准目录

序号	标准号	标　准　名　称
国　家　标　准		
1	GB 1495—2002	汽车加速行驶车外噪声限值及测量方法
2	GB 4094—1999	汽车操纵件、指示器及信号装置的标志
3	GB 4599—2007	汽车用灯丝灯泡前照灯
4	GB 4660—2007	汽车用灯丝灯泡前雾灯
5	GB 4785—2007	汽车及挂车外部照明和光信号装置的安装规定
6	GB 5763—2008	汽车用制动器衬片
7	GB 5920—2008	汽车及挂车前位灯、后位灯、示廓灯和制动灯配光性能
8	GB 7036.1—2009	充气轮胎内胎 第1部分:汽车轮胎内胎
9	GB 7063—2011	汽车护轮板
10	GB 7258—2012	机动车运行安全技术条件
11	GB 8410—2006	汽车内饰材料的燃烧特性
12	GB 9656—2003	汽车安全玻璃
13	GB 9743—2007	轿车轮胎
14	GB 9744—2007	载重汽车轮胎
15	GB 11550—2009	汽车座椅头枕强度要求和试验方法
16	GB 11551—2003	乘用车正面碰撞的乘员保护
17	GB 11555—2009	汽车风窗玻璃除霜和除雾系统的性能和试验方法
18	GB 11562—1994	汽车驾驶员前方视野要求及测量方法
19	GB 11565—189	轿车风窗玻璃刮水器刮刷面积
20	GB 11567.2—2001	汽车和挂车后下部防护要求
21	GB 11568—2011	汽车罩(盖)锁系统

续表

序号	标准号	标　准　名　称
22	GB 12676—1999	汽车制动系统结构、性能和试验方法
23	GB 12732—2008	汽车V带
24	GB 13094—2007	客车结构安全要求
25	GB 13392—2005	道路运输危险货物车辆标志
26	GB 13552—2008	汽车多楔带
27	GB 14166—2003	机动车成年乘员用安全带和约束系统
28	GB 14167—2006	汽车安全带安装固定点
29	GB 15082—2008	汽车用车速表
30	GB 15083—2006	汽车座椅、座椅固定装置及头枕强度要求和试验方法
31	GB 15084—2006	机动车辆后视镜的性能和安装要求
32	GB 15085—1994	汽车风窗玻璃刮水器、洗涤器的性能要求及试验方法
33	GB 15086—2006	汽车门锁及车门保持件的性能要求和试验方法
34	GB 15235—2007	汽车及挂车倒车灯配光性能
35	GB 15740—2006	汽车防盗装置
36	GB 15741—1995	汽车和挂车号牌板(架)及其位置
37	GB 15742—2006	机动车用喇叭的性能要求及试验方法
38	GB 16170—1996	汽车定置噪声限值
39	GB 16897—2010	制动软管的结构、性能要求及试验方法
40	GB 17354—1998	汽车前、后端保护装置
41	GB 17509—2008	汽车及挂车转向信号灯配光性能
42	GB 17675—1999	汽车转向系基本要求
43	GB 18099—2000	汽车及挂车侧标志灯配光性能
44	GB 18296—2001	汽车燃油箱 安全性能要求和试验方法
45	GB 18408—2001	汽车及挂车后牌照板照明装置配光性能
46	GB 18409—2001	汽车驻车灯配光性能

续表

序号	标准号	标 准 名 称
47	GB 20071—2006	汽车侧面碰撞的乘员保护
48	GB 20912—2007	汽车用液化石油气蒸发调压器
49	GB 21259—2007	汽车用气体放电光源前照灯
50	GB 21260—2007	汽车用前照灯清洗器
51	GB 21670—2008	乘用车制动系统技术要求及试验方法
52	GB 23255—2009	汽车昼间行驶灯配光性能
53	GB 24409—2009	汽车涂料中有害物质限量
54	GB 25990—2010	车辆尾部标志板
55	GB 25991—2010	汽车用 LED 前照灯
56	GB 26753—2011	汽车制动气室橡胶隔膜
57	GB/T 3273—2005	汽车大梁用热轧钢板和钢带
58	GB/T 3487—2005	汽车轮辋规格系列
59	GB/T 3730.1—2001	汽车和挂车类型的术语和定义
60	GB/T 4095—2005	商用汽车辐板式车轮在轮毂上的安装尺寸
61	GB/T 4780—2000	汽车车身术语
62	GB/T 4970—2009	汽车平顺性试验方法
63	GB/T 4971—2009	汽车平顺性术语和定义
64	GB/T 5137.1—2002	汽车安全玻璃试验方法 第 1 部分:力学性能试验
65	GB/T 5137.2—2002	汽车安全玻璃试验方法 第 2 部分:光学性能试验
66	GB/T 5137.3—2002	汽车安全玻璃试验方法 第 3 部分:耐辐照、高温、潮湿、燃烧和耐模拟气候试验
67	GB/T 5137.4—2001	汽车安全玻璃太阳能透射比测定方法
68	GB/T 5181—2001	汽车排放术语和定义
69	GB/T 5335—2008	汽车液压制动装置压力测试连接器技术要求
70	GB/T 5337—1985	汽车电器、灯具和仪表名词术语
71	GB/T 5620—2002	道路车辆 汽车和挂车 制动名词术语及其定义
72	GB/T 5624—2005	汽车维修术语

续表

序号	标准号	标 准 名 称
73	GB/T 5764—2011	汽车用离合器面片
74	GB/T 5921—1986	汽车和挂车 气压制动系部件上接口的识别标记
75	GB/T 5922—2008	汽车和挂车 气压制动装置压力测试连接器技术要求
76	GB/T 6323.1—1994	汽车操纵稳定性试验方法 蛇行试验
77	GB/T 6726—2008	汽车用冷弯型钢尺寸、外形、重量及允许偏差
78	GB/T 10716—2000	汽车同步带物理性能试验方法
79	GB/T 12534—1990	汽车道路试验方法通则
80	GB/T 12535—2007	汽车起动性能试验方法
81	GB/T 12536—1990	汽车滑行试验方法
82	GB/T 12537—1990	汽车牵引性能试验方法
83	GB/T 12539—1990	汽车爬陡坡试验方法
84	GB/T 12540—2009	汽车最小转弯直径、最小转弯通道圆直径和外摆值测量方法
85	GB/T 12541—1990	汽车地形通过性试验方法
86	GB/T 12542—2009	汽车热平衡能力道路试验方法
87	GB/T 12543—2009	汽车加速性能试验方法
88	GB/T 12544—1990	汽车最高车速试验方法
89	GB/T 12546—2007	汽车隔热通风试验方法
90	GB/T 12547—2009	汽车最低稳定车速试验方法
91	GB/T 12548—1990	汽车速度表、里程表检验校正方法
92	GB/T 12549—1990	汽车操纵稳定性术语及其定义
93	GB/T 12673—1990	汽车主要尺寸测量方法
94	GB/T 12674—1990	汽车质量(重量)参数测定方法
95	GB 12734—2003	汽车同步带
96	GB/T 12678—1990	汽车可靠性行驶试验方法
97	GB/T 12679—1990	汽车耐久性行驶试验方法

续表

序号	标准号	标 准 名 称
98	GB/T 12782—2007	汽车采暖性能要求和试验方法
99	GB/T 13493—1992	汽车用底漆
100	GB/T 13594—2003	机动车和挂车防抱制动性能和试验方法
101	GB/T 14172—2009	汽车静侧翻稳定性台架试验方法
102	GB/T 14951—2007	汽车节油技术评定方法
103	GB/T 15746—2011	汽车修理质量检查评定方法
104	GB/T 17339—1998	汽车安全玻璃耐化学浸蚀性和耐温度变化性试验方法
105	GB/T 17340—1998	汽车安全玻璃的尺寸、形状及外观
106	GB/T 17350—2009	专用汽车和专用挂车术语、代号和编制方法
107	GB/T 17351—1998	汽车车轮 双轮中心距
108	GB/T 17469—1998	汽车制动器衬片磨擦性能评价 小样台架试验方法
109	GB/T 17692—1999	汽车用发动机净功率测试方法
110	GB/T 17929—2007	汽车用石英钟
111	GB/T 18274—2000	汽车鼓式制动器修理技术条件
112	GB/T 18276—2000	汽车动力性台架试验方法和评价指标
113	GB/T 18297—2001	汽车发动机性能试验方法
114	GB/T 18344—2001	汽车维护、检测、诊断技术规范
115	GB/T 18364.2—2005	汽车用液化石油气加气口 第2部分:快插式
116	GB/T 18505—2001	汽车轮胎动平衡试验方法
117	GB/T 18506—2001	汽车轮胎均匀性试验方法
118	GB/T 18861—2002	汽车轮胎滚动阻力试验方法
119	GB/T 19055—2003	汽车发动机可靠性试验方法
120	GB/T 19056—2012	汽车行驶记录仪
121	GB/T 19237—2003	汽车用压缩天然气加气机
122	GB/T 19392—2003	汽车 GPS 导航系统通用规范
123	GB 19533—2004	汽车用压缩天然气钢瓶定期检验与评定

续表

序号	标准号	标 准 名 称
124	GB/T 21361—2008	汽车用空调器
125	GB/T 21436—2008	汽车泊车测距警示装置
126	GB/T 22038—2008	汽车轮胎静态接地压力分布试验方法
127	GB/T 23301—2009	汽车车轮用铸造铝合金
128	GB/T 23335—2009	天然气汽车定型试验规程
129	GB/T 23436—2009	汽车风窗玻璃清洗液
130	GB/T 23437—2009	汽车上光蜡
131	GB/T 23663—2009	汽车轮胎纵向和横向刚性试验方法
132	GB/T 23664—2009	汽车轮胎无损检验方法 X 射线法
133	GB/T 24149.1—2009	塑料 汽车用聚丙烯(PP)专用料 第 1 部分:保险杠
134	GB/T 24550—2009	汽车对行人的碰撞保护
135	GB/T 24551—2009	汽车安全带提醒装置
136	GB/T 24552—2009	电动汽车风窗玻璃除霜除雾系统的性能要求及试验方法
137	GB/T 25348—2010	汽车节油产品使用技术条件
138	GB/T 25985—2010	汽车防盗装置的保护
139	GB/T 26036—2010	汽车轮毂用铝合金模锻件
140	GB/T 26988—2011	汽车部件可回收利用性标识
141	GB/T 26989—2011	汽车回收利用 术语
142	GB/T 27942—2011	汽车空调用小排量涡旋压缩机
行 业 标 准		
143	QC/T 1—1992	汽车产品图样的基本要求
144	QC/T 2—1992	汽车产品图样格式
145	QC/T 3—1992	汽车产品图样及设计文件完整性
146	QC/T 6—1992	汽车产品明细表编制规则
147	QC/T 7—1992	汽车产品设计文件编号规则
148	QC/T 14—2009	汽车用轮胎气压表

续表

序号	标准号	标 准 名 称
149	QC/T 17—1992	汽车零部件耐候性试验一般规则
150	QC/T 18—1992	汽车产品图样及设计文件 术语
151	QC/T 19—1992	汽车用分电器技术条件
152	QC/T 31—1992	汽车用全流式机油滤清器滤芯尺寸
153	QC/T 32—2006	汽车用空气滤清器试验方法
154	QC/T 38—1992	汽车与挂车 气压调节保护装置 台架试验方法
155	QC/T 44—1997	汽车风窗玻璃电动刮水器技术条件
156	QC/T 46—1992	汽车风窗玻璃电动刮水器型式与尺寸
157	QC/T 47—1992	汽车座椅术语
158	QC/T 48—1992	汽车汽油滤清器
159	QC/T 55—1993	汽车座椅动态舒适性试验方法
160	QC/T 56—1993	汽车座椅衬垫材料性能试验方法
161	QC/T 57—1993	汽车匀速行驶 车内噪声测量方法
162	QC/T 73—1993	汽车电气设备产品型号编制方法
163	QC/T 34—1992	汽车的故障模式及分类
164	QC/T 75—1998	矿用自卸汽车 定型试验规程
165	QC/T 76.1—1993	矿用自卸汽车试验方法 通则
166	QC/T 76.2—1993	矿用自卸汽车试验方法 驾驶员座位基准点 R 测量方法
167	QC/T 76.3—1993	矿用自卸汽车试验方法 爬坡能力试验
168	QC/T 76.4—1993	矿用自卸汽车试验方法 自动换档转速或车速试验
169	QC/T 76.5—1993	矿用自卸汽车试验方法 恒功试验
170	QC/T 76.6—1993	矿用自卸汽车试验方法 燃料消耗量试验
171	QC/T 76.7—1993	矿用自卸汽车试验方法 应急转向能力试验
172	QC/T 76.8—1993	矿用自卸汽车试验方法 行驶平顺性试验
173	QC/T 76.9—1993	矿用自卸汽车试验方法 空气调节系统性能试验
174	QC/T 76.10—1993	矿用自卸汽车试验方法 冷却系冷却能力试验

续表

序号	标准号	标　准　名　称
175	QC/T 76.11—1993	矿用自卸汽车试验方法 使用可靠性试验
176	QC/T 77—1993	汽车液压制动轮缸技术条件
177	QC/T 79—1993	汽车制动系螺旋管
178	QC/T 80—1993	汽车制动系尼龙管
179	QC/T 196—1994	汽车工业科学技术档案分类表
180	QC/T 198—1995	汽车用开关通用技术条件
181	QC/T 199—1995	汽车车轮平衡块
182	QC/T 200—1995	汽车气制动装置用储气筒技术条件
183	QC/T 201—1995	汽车气制动用热塑管接头尺寸
184	QC/T 207—1996	汽车用普通气弹簧
185	QC/T 208—2007	汽车用温度报警器
186	QC/T 216—1996	汽车用地毯的性能要求和试验方法
187	QC/T 217—2007	汽车用压力报警器
188	QC/T 220—1996	汽车用易熔线
189	QC/T 236—1997	汽车内饰材料性能的试验方法
190	QC/T 238—1997	汽车零部件的储存和保管
191	QC/T 241—2011	汽车无内胎车轮密封性试验方法
192	QC/T 248—1998	汽车化油器性能试验方法
193	QC/T 260—1998	汽车高位制动灯
194	QC/T 262—1999	汽车渗碳齿轮金相检验
195	QC/T 265—2004	汽车零部件编号规则
196	QC/T 268—1999	汽车冷冲压加工零件未注公差尺寸的极限偏差
197	QC/T 269—1999	汽车铸造零件未注公差尺寸的极限偏差
198	QC/T 270—1999	汽车钢模锻造零件未注公差尺寸的极限偏差
199	QC/T 275—2008	汽车发动机镶耐磨圈活塞金相检验
200	QC/T 580—1999	汽车变速器安装尺寸
201	QC/T 583—1999	汽车制动器衬片显气孔率试验方法

续表

序号	标准号	标　准　名　称
202	QC/T 299—2000	汽车动力转向油泵技术条件
203	QC/T 311—2008	汽车液压制动主缸 性能要求及台架试验方法
204	QC/T 319—2011	专用汽车取力器
205	QC/T 323—2007	汽车门锁和车门保持件
206	QC/T 324—2000	汽车燃油空气加热器
207	QC/T 326—1999	汽车标准件产品编号规则
208	QC/T 355—1999	汽车车轮螺母 锥面螺母
209	QC/T 356—1999	汽车车轮螺母 球面螺母
210	QC/T 357—1999	汽车车轮环螺母 内螺母
211	QC/T 410—1999	汽车用通气塞
212	QC/T 414—1999	汽车用低压电线的颜色
213	QC/T 415—1999	汽车用点烟器技术条件
214	QC/T 420—2004	汽车用熔断器
215	QC/T 421—1999	汽车交流发电机轴伸尺寸
216	QC/T 425—1999	汽车用直流发电机安装尺寸
217	QC/T 462—2009	汽车发动机工作小时表
218	QC/T 468—2010	汽车散热器
219	QC/T 480—1999	汽车操纵稳定性指标限值与评价方法
220	QC/T 484—1999(2005)	汽车油漆涂层
221	QC/T 487—1999	汽车保险杠的位置尺寸
222	QC/T 488—2000	汽车燃油箱盖、加油口
223	QC/T 490—2000	汽车车身制图
224	QC/T 517—1999	汽车钢板弹簧用U型螺栓及螺母技术条件
225	QC/T 521—1999	汽车发动机气门挺杆技术条件
226	QC/T 529—2000	汽车动力转向器总成台架试验方法
227	QC/T 530—2000	汽车动力转向器总成技术条件
228	QC/T 531—2001	汽车后视镜

续表

序号	标准号	标 准 名 称
229	QC/T 549—1999	汽车 倒车报警器
230	QC/T 550—1999	汽车用蜂鸣器
231	QC/T 553—2008	汽车、摩托车发动机铸造铝活塞金相检验
232	QC/T 556—1999	汽车制动器 温度测量和热电偶安装
233	QC/T 571—1999	汽车清洁工作导则 名词、术语
234	QC/T 584—1999	汽车底盘产品质量检验评定方法
235	QC/T 612—1999	汽车车轮螺母 带垫平连接螺母
236	QC/T 626—2008	汽车玻璃升降器
237	QC/T 629—2005	汽车遮阳板
238	QC/T 631—2009	汽车排气消声器总成技术条件和试验方法
239	QC/T 634—2007	汽车水暖式暖风装置
240	QC/T 636—2000	汽车电动玻璃升降器
241	QC/T 641—2005	汽车用塑料密封条
242	QC/T 649—2000	汽车转向传动轴总成性能要求及试验方法
243	QC/T 658—2009	汽车空调制冷系统性能道路试验方法
244	QC/T 695—2002	汽车通用继电器
245	QC/T 696—2011	汽车底盘集中润滑供油系统
246	QC/T 673—2007	汽车用液化石油气电磁阀
247	QC/T 674—2007	汽车用压缩天然气电磁阀
248	QC/T 712—2011	汽车安全带用焊接螺母
249	QC/T 714—2004	汽车车身覆盖件未注形状与位置公差值
250	QC/T 728—2005	汽车整车大气暴露试验方法
251	QC/T 747—2006	汽车发动机硅油风扇离合器技术条件
252	QC/T 763—2006	汽车 发动机旋装式机油滤清器 连接尺寸
253	QC/T 764—2006	汽车液压制动系 金属管、内外螺纹管接头和软管端部接头
254	QC/T 769—2006	汽车燃气加热器

续表

序号	标准号	标 准 名 称
255	QC/T 772—2006	汽车用柴油滤清器试验方法
256	QC/T 773—2006	汽车散热器电动风扇技术条件
257	QC/T 774—2006	汽车交流发电机用电子电压调节器技术条件
258	QC/T 777—2007	汽车电磁风扇离合器技术条件
259	QC/T 788—2007	汽车踏板装置性能要求及台架试验方法
260	QC/T 789—2007	汽车电涡流缓速器总成性能要求及台架试验方法
261	QC/T 796—2008	汽车燃料消耗量标识
262	QC/T 797—2008	汽车塑料件、橡胶件和热塑性弹性体件的材料标识和标记
263	QC/T 798—2008	汽车用多层塑料燃油管
264	QC/T 806—2008	汽车空调压缩机用电磁离合器技术条件
265	QC/T 810—2009	汽车起动机用电磁开关技术条件
266	QC/T 820—2009	汽车、摩托车仪表用步进电机
267	QC/T 821—2009	汽车用发动机冷却水及润滑油温度传感器
268	QC/T 822—2009	汽车用发动机润滑油压力传感器
269	QC/T 823—2009	汽车、摩托车用燃油传感器
270	QC/T 824—2009	汽车用转速传感器
271	QC/T 828—2010	汽车空一空中冷器技术条件
272	QC/T 830—2010	汽车高压气体放电灯用电子镇流器
273	QC/T 832—2010	水暖式汽车尾气加热器
274	QC/T 833—2010	汽车空调用压力安全阀技术条件
275	QC/T 835—2010	汽车空调用双向斜板式定排量压缩机总成技术条件
276	QC/T 836—2010	专用汽车类别及代码
277	QC/T 29025—1991	汽车管带式散热器芯子型式尺寸
278	QC/T 29089—1992	汽车软化仪表板表皮

参考文献

[1]《缺陷汽车产品召回管理条例》(国务院令第 626 号).2012.10

[2] 安建,蒲长城,等.《缺陷汽车产品召回管理条例》释义.中国质检出版社,2013.1

[3]《中华人民共和国保守国家秘密法》(主席令第 28 号).2010.4

[4]《中华人民共和国产品质量法》(主席令第 33 号).2000.7

[5]《中华人民共和国反不正当竞争法》(主席令第 10 号).1993.9

[6]《中华人民共和国反垄断法》(主席令第 68 号).2007.8

[7]《中华人民共和国公务员法》(主席令第 35 号).2005.4

[8]《中华人民共和国行政监察法》(主席令第 85 号).1997.5

[9]《中华人民共和国行政监察法实施条例》(国务院令第 419 号).2004.9

[10]《中华人民共和国行政许可法》(主席令第 7 号).2003.8

[11]《中华人民共和国行政处罚法》(主席令第 63 号).1996.3

[12]《中华人民共和国合同法》(主席令第 15 号).1999.3

[13]《中华人民共和国侵权责任法》(主席令第 21 号).2009.12

[14]《中华人民共和国消费者权益保护法》(主席令第 11 号).1993.10

[15]《中华人民共和国刑法(修改案)》(主席令第 10 号).2009.2

[16]《中华人民共和国政府信息公开条例》(国务院令第 492 号).2007.4

[17]《行政机关公务员处分条例》(国务院令第 495 号).2007.4

[18]《国务院关于印发质量发展纲要(2011—2020 年)的通知》(国发〔2012〕9 号).2012.2

[19] 关于执行《中华人民共和国行政诉讼法》若干问题解释(法释[2000]8 号).最高人民法院公告,2000.3

[20] 王赟松,陈飞,等.消费品安全监管概论.北京:清华大学出版社,2012.6

[21] 国家质检总局缺陷产品管理中心.汽车产品安全与召回技术研究报告(2012 年).北京:中国质检出版社,中国标准出版社,2013.11